TODA MUJER DEBE TENER UN MARIDO GAY...

Susana Moscatel

TODA MUJER DEBE TENER UN MARIDO GAY...

y otras cosas que nadie te ha querido contar

DIANA

Diseño de portada: Ramón Navarro
Fotografía de la autora: Blanca Charolet
Diseño de interiores: Beatriz Díaz Corona J.
Ilustraciones de interiores: Catalina Sánchez de la Peña

Bajo el sello editorial DIANA M.R.
Avenida Presidente Masarik núm. 111, 2o. piso
Colonia Chapultepec Morales
C.P. 11570 México, D.F.
www.editorialplaneta.com.mx

Primera edición: octubre de 2011
ISBN: 978-607-07-0937-1

Impreso en los talleres de Litográfica Ingramex, S.A. de C.V.
Centeno núm. 162, colonia Granjas Esmeralda, México, D.F.
Impreso y hecho en México – *Printed and made in Mexico*

Para Rebeca Levy.
Te lo prometí, abue… aquí está.
Te amo. Te extrano.

Contenido

Agradecimientos

Para Isaac Moscatel, que hizo que me enamorara de la idea de contar historias desde que improvisaba las increíbles aventuras de "El globo que se cree pelota", cuando nos llevaba a la escuela. Pa, eres mi mejor amigo, y todo lo hago esperando que estés orgulloso de mí.

Reyna Levy, es la absoluta realización de la madre que, aunque la vuelvas completamente loca, siempre estará ahí cuando la necesitas, en un segundo. Hasta cuando es completamente imposible amarme, tú lo haces. Y yo a ti.

Erick Merino, eres mi fuente de inspiración de tantas cosas en la vida que no acabaría de contar. Eres mi definición de familia. Lo supe desde el primer momento que me brincaste encima desde una butaca, un buen día en el auditorio de la escuela. Eso no ha cambiado nunca.

Jancarlo Defan, llegaste e hiciste mi vida infinitamente mejor. No he sonreído ni aprendido tanto desde que tú, Elan, Charlie, Cheech, Pato y toda la familia llegaron y me hicieron parte de la banda. Gracias por hacer mi vida infinitamente mejor, llena de música, talento y amor.

Gabriel Sandoval y Doris Bravo. Gracias por creer en mí aun sin conocerme. Desde esa primera comida, rodeados de alcachofas, sabía que éste sería el inicio de una hermosa colaboración, y amistad.

Daina Vázquez, de interminable paciencia. No sé cómo no me has ahorcado. Qué bueno que no lo has hecho, porque al final del día el trabajo es lo de menos y lo que queda es la amistad.

Kelly A.K., poco tiempo de conocernos y como si fuera toda una vida. Me siento completamente libre contigo, ¡y las cosas que te he aprendido!

H. Larrinaga y Salvador Quiauhtlazolilin, el rey del 'Por cierto', quienes le entraron a ciegas a este proyecto y con cariño me apoyaron con su enorme talento. Un honor trabajar y compartir con ustedes, queridos.

A Jairo Calixto, por sus consejos y ayuda durante los cortes de tantos y tantos programas de radio. Es bueno tener a alguien tan inteligente y querido que aun es capaz de escandalizarse por mis alucines.

A mi amigo y jefe Rafa Ocampo, que entendió, me apoyó y fue víctima de mi incesante culpa judía durante este y otros procesos.

Álvaro Cueva, por tu pasión absoluta y tu amistad incondicional. Eres uno de mis más brillantes ejemplos en nuestra profesión, pero más en la vida.

A esas amigas que han hecho mi vida tan extraordinaria. Mis compinches de todos los años, 'Las chicas del gremio', a ustedes que admiro y quiero tanto. ¿Cómo hubiera podido hacer esto sin esas horas de plática y de empatía dramática? Gracias por su generosidad.

No sólo agradezco, sino ofrezco una disculpa a todos mis queridos compañeros de MVS y Milenio. Los debo haber vuelto locos los últimos meses con mis procesos, anécdotas y acelere. Al menos supongo haberlos entretenido un poco con mi locura, (espero que temporal).

Y a todos esos hombres que alguna vez llamé 'idiotas'. Obviamente hicieron algo muy interesante para inspirarme y conmoverme así. Gracias a todos ustedes.

Entre la ficción y la confesión

Sabes perfectamente que no debes marcarle ni mandarle más mensajes, me descubrí diciéndole a una muy buena amiga hace unas semanas. Ella sólo se me quedó viendo y de pronto las dos estábamos ahogadas de la risa. Ése era exactamente el mismo consejo que ella me había dado tres días antes, recomendación que, por supuesto, ignoré por completo y procedí a darme en la madre solita. Mi amiga también iba a ignorar mi gran sabiduría, las dos estábamos conscientes de ello, se encontraba en ese momento de "apendejamiento" por un hombre, algo que no se explica ni se resuelve con la razón (lo bueno es que, inevitablemente, esa etapa se cura con el pasar de los días). Ella sabía que ahí estaría yo para levantarla cuando se cansara de darse de cabezazos contra la pared, tal y como ella estuvo conmigo. ¡Eso es la amistad!

Después de pasar tantos años dedicada al periodismo, con este libro me llegó la oportunidad de escribir lo que yo quisiera. De repente, me sentí profundamente emocionada y un poco desamparada, como una persona que toda su vida había creído en Dios y una mañana despierta sabiéndose atea. Aquí las reglas que marcan mi proceder diario no aplicaban, las emociones podían ser más relevantes que los hechos, lo inmediato no iría antes de lo importante, la búsqueda podría ser completamente subjetiva y eso no significaba que yo estuviera equivocada.

Sí, me encontraba a la vez aterrada y feliz. Era hora de escribir.

Pero ¿de qué?, me pregunté. Sonreí, recordé aquella conversación con mi amiga y me descubrí dándome un gran permiso: podía escribir de las cosas que me emocionan, que me asustan y que me apasionan. Podía darme el permiso de escribir acerca de eso que tanto nos da miedo admitir que queremos: ser amadas, respetadas y libres en estos tiempos tan confusos, cuando no sabemos en dónde buscarle. Tenía bastante claro lo que deseaba hacer, pero antes de tomar la decisión levanté el teléfono y le hablé a alguien, a mi mejor amigo, mi consejero, al hombre que ha estado a mi lado en las buenas y en las malas; le marqué a mi "marido gay". Platicamos de todo y cuando terminé esa llamada me di cuenta de que iba por el camino correcto.

Hay ciertos temas que en estos días van marcando nuestro existir y que tienen que ver con las extrañas formas con las que hoy en día nos comunicamos. No tengo la menor duda de que si Shakespeare hubiera vivido en esta época sus personajes se habrían puesto en contacto, y dado en la madre de igual forma, a través de Twitter. (Aunque, también, los 140 caracteres lo hubieran atorado).

Incluí historias, opiniones y anécdotas de cientos de mujeres con las que platiqué. Todas tienen que ver con la forma en la que nos relacionamos con nuestros amores, nuestros amigos y hasta nuestros cuerpos, en estos tiempos en los que, si algo sobra, es la información y el ruido. Es increíble cuánto aprendí de ellas, qué generosidad para compartir y qué divertido resultó.

Además, hay historias nacidas de la ficción, pura imaginación —aunque de pronto pedí prestado uno que otro sentimiento a la realidad—. Les confieso que al escribirlas me comencé a preocupar de que algunos pensaran que eran revelaciones mías. No siempre lo son. Hay relatos de mujeres que que son mis heroínas por su valor, ¡las que hacen las cosas que yo siempre habría querido!; si bien en teoría no existen, sigo en el proceso de aprender de ellas.

¿Mis consentidos en este contexto de la ficción?: Elisa y Sebastián. La pareja perfecta a la que le ocurren infinidad de cosas. Algunas de las aventuras de ella fueron escritas como yo hubiera querido vivir las mías; hay veces que Elisa solita se me salía del guacal y la quería matar por terca, muchas otras que sólo me hacía reír, pero aunque no somos de ninguna manera la misma persona, hay algo que esta mujer inventada por mí, y yo, sí tenemos en común: ambas contamos con el glorioso privilegio de tener un "marido gay".

Al entrevistar a todo tipo de gente por mi trabajo, por más de una década, y ver cómo el mundo cambia a nuestro alrededor, no he parado de reírme al observar que cada vez estamos más orates, con más expectativas, más herramientas y vivimos más desesperados por encontrar el amor.

Éste es un libro para reírnos juntos de todo eso, les aseguro que encontrarán que tenemos muchas cosas en común.

Bienvenidos y gracias...

Susana

CAPÍTULO 1

Para empezar… consíguete un marido gay

Comencé a estar verdaderamente orgulloso del hecho de ser gay, aunque no lo fuera.
Kurt Cobain, *Nirvana*

Animales emocionales

Éste es un mensaje de agradecimiento para esas gloriosas feministas que abrieron las brechas y lucharon por nuestros derechos: Gracias, gracias, gracias. Ustedes se enfrentaron a un sistema que nos hacía creer que no podíamos tener todo y nos dejaron una gran herencia. En estos días ya sabemos que sí podemos... ¿Pero ahora serían tan amables de decirnos cómo demonios le hacemos?

Y es que las cosas están así: vivimos en un país donde todavía se espera que seamos santas, vírgenes y puras, pero a la vez capaces, aptas e inteligentes. Tenemos que triunfar en lo laboral, conocer el mundo y dominar la tecnología, pero nunca hacer que nuestros hombres se sientan menos viriles ni poderosos. Gracias al Internet tenemos acceso a las mismas oportunidades eróticas y pornográficas que ellos, pero debemos fingir que no nos interesa.

En el trabajo nos damos cuenta de que los acuerdos y avances exitosos se logran en esas comidas donde hay mucho trago de por medio, pero una mujer *tomada* nunca será *tomada* en serio, y es para muchos cancha reglamentaria para otras cosas.

En fin. Vivimos en ambos mundos al mismo tiempo y tenemos que sabernos las reglas para los dos juegos. No es fácil ser una mujer global en un mundo donde los señores sólo nos ven de dos formas, como: "madres de sus hijos" o "acostones potenciales", cualquier otra cosa los confunde horriblemente y sus cerebros reaccionan como televisor que no alcanza a recibir señal. ¿Qué tal si queremos ser las dos cosas? ¿Qué tal si queremos ser mucho más que eso?

Y esto no se simplifica si aceptamos algo que a algunas feministas les choca admitir. Ante todo, por más fregonas que seamos, las mujeres somos animales emocionales. Así que me puse a pensar, ¿qué es lo que tenemos que saber y tener para ser felices en este mundo donde nos tocó vivir?

Lo primero que necesitamos conseguir es un buen marido gay. ¿Que qué es eso? Comencemos con un ejemplo de lo que no queremos...

Marido gay malo

Un día, Diana llegó a su casa temprano, completamente exhausta y en busca de amor. Hace mucho que Danny no la abrazaba, ni la tocaba, pero estaba segura de que todo era culpa de ella, entre las horas que tenía que pasar estudiando para la maestría en literatura ("¿Y con eso piensas aportar algo al presupuesto familiar?", le decía él), las clases de yoga y los intentos por mantener la casa perfecta, simplemente nunca se daba la situación que pudiera llevarla a esos momentos de intimidad que ya ni recordaba, pero que sin duda alguna extrañaba.

De pronto Diana se acordó que unos meses atrás, en un centro comercial, había tenido un extraño impulso que podía identificar, por reminiscencias y ecos de la prehistoria, como algo vagamente sexual. De repente se descubrió casi corriendo a la tienda de ropa interior para comprarse un *brassière* rosa hecho con una especie de encaje transparente. Éste venía con una suave tanga que, por algún motivo, hacía que su cuerpo se viera más delicado y sexy que nunca. Emocionada, recordó que había corrido a la librería para buscar, un poco apenada, algún buen consejero literario que le ayudara a reclamar de nuevo ese deseo.

Después de descartar título tras título de literatura erótica decidió comprar un clásico que alguna vez vio a su mamá esconder en la parte trasera del librero. *El jardín secreto*, de Nancy Friday, sobre las fantasías sexuales de mujeres como ella. Incluso tocar el libro hacía sentir algo eléctrico, y le permitía revivir el placer de lo prohibido, de la *cosa mala* que había olvidado. Sintió un escalofrío de anticipación. Todo iba a estar bien.

Junto con un perfume especial que compró casi de salida, Diana llegó a su casa lista para todo. Pero entonces escuchó a Danny entrar con sus amigos, Rubén y Sergio, y se dio cuenta de que ésa no iba a ser su noche. Realmente enojada con ella misma, con rapidez guardó el paquete en un cajón (ahí donde tenía dos o tres *juguetes* que también estaban casi abandonados) y corrió a atender a los señores que ya comenzaban el juego de póker semanal. Claro, como todos los jueves. ¿En qué estaba pensando?

Aunque esta vez era martes y bastante temprano. Tenía tiempo para revisar ese cajón prohibido, jugar un rato y estar lista para darle a Danny la sorpresa de la vida. Preparó la tina con perfume y burbujas de jabón, se metió en ella, fue enjabonándose poco a poco y sintiéndose cada vez más emocionada por lo que pronto iba a suceder con su marido.

Justo cuando estaba poniéndose la bata de franela para tapar la ropa interior (la vieja y arrugada prenda tenía que caer al suelo de sorpresa), escuchó cómo se abría la puerta de la casa. *Qué raro,* pensó. *Apenas son las siete, Danny nunca llega antes de las ocho y media.* Aún más emocionada por el cambio de rutina, Diana cerró la bata y bajó las escaleras, ligera pero rápidamente, hasta la sala donde la televisión ya estaba prendida a todo lo que daba.

Todo va a estar bien —se decía—, *cuando Danny me vea así se va a acordar por qué se casó conmigo. Va a recordar esos días en que me hizo el amor por primera vez... va a...*

—¡Diana Leticia! ¿Qué carajos haces aquí tan temprano? —gritó muy asustado Danny mientras se desenredaba de Sergio, su compadre, quien azotó contra la mesita de la sala al tropezar con sus pantalones que tenía alrededor de los tobillos.

Diana, que ya se había arrancado la mentada bata en la anticipación, también se encontró enfrascada en una batalla por encontrar los hoyos de las mangas que aparentemente habían desaparecido en ese mismo instante. Como su matrimonio. Como su vida entera.

Meses después, Diana se volvió a recriminar: *¿En serio no lo veías venir?* Suspiró. Si seguía así, nunca iba a acabar de prepararle la cena a Danny. Sí, a Danny. *No está tan fácil encontrar a un buen hombre estos días,* volvió a decirse a sí misma, mientras sacudía la cabeza y recordaba con nostalgia los *artefactos* que aún habitaban en ese cajón. *Tal vez algún día los pueda volver a usar. Tal vez...*

Marido gay bueno

Ok. Con la historia de Diana queda muy claro a qué tipo de marido gay no me refiero, ¿verdad? Bastante complicada es la vida como para tener que competir sexualmente con otros hombres por el tuyo. Ese tipo de maridos gay abundan, pero no son recomendables en absoluto.

—¿Entonces qué? —le pregunté a mi marido gay— ¿De verdad está mal que le mande un mensajito más? Rocío, la Iguana y Perla me dijeron que no pasa nada. Ándale... —proseguí con ojitos de vaquita enferma mientras él sólo me veía con una especie de desesperación y ternura.

—Está bien. Escríbele... —me autorizó, pero antes de que yo pudiera terminar de celebrar con un monosilábico ¡yeeei!, él continuó— ... si lo que quieres es que no te vuelva a hablar en la vida...

¡Auggh, maldita sea! Siempre tiene razón. ¿Cómo demonios puedo discutir con alguien que piensa como hombre pero llora conmigo en las películas románticas? Mi marido gay me ama sobre todas las cosas, y yo a él. Llevamos más de 15 años juntos y créanme, hemos pasado por todas (más bien por todos). Menos por una, claro. Nunca hemos tenido ni tendremos sexo. ¿Se dan cuenta lo sana y pura que puede ser una relación así? Me queda claro que está conmigo porque ahí está, no porque le interese mi trasero, sino por que le importo yo. Aunque de hecho, en ocasiones como ésta, quisiera que se fijara un poco más en mi trasero.

—¿Se me ve bien este pantalón por detrás? —le pregunto mientras me contorsiono en el triple espejo de una tienda.

—Lo siento —contesta con un toque de desdén—, me distrajo el *salop* que va pasando por allá.

Volteo y veo al hombre más extraordinariamente bello que me ha tocado contemplar en la última década. Los dos concentramos la mirada en él.

—¡Voy *shot*! —gritamos al mismo tiempo.

Sí, bien *madurotes* ambos, pero logramos captar su atención. Al voltear a vernos, yo tan sólo pude desear que mis nalgas se vieran gloriosas con ese pantalón. El tiempo se congela mientras nos observa. Me sonríe a mí.

—¡Ja, perra del mal! ¡Gané, gané! —grité triunfante logrando dos cosas en el proceso. Una, que mi marido gay me vea con ojos de cuchillo, y la otra, que el hombre más bello de la década salga por patas de la tienda—. ¡Te felicito, güey! ¿Ya viste lo que lograste? —le digo regresando mi atención al espejo y a mis nalgas—. Naaah, si se vieran increíbles, el idiota ése se hubiera quedado —reconsidero mientras me quito el pantalón. Amo a mi marido gay.

Las ventajas de dicho marido

- ***Conocimiento histórico***: Aunque muchos se confundan pensando que la homosexualidad y su convivencia con la heterosexualidad es asunto de modernidad, cualquiera que haya leído un poco de historia, por ejemplo, de los antiguos griegos (y de otras culturas) sabe que esto ocurre ya desde hace un ratito. La misma historia de la humanidad ha sido marcada por hombres gays, por sus impulsos, deseos y reacciones. Por eso es tan chistoso y hasta un poco trágico escuchar a la gente decir que éstas sólo son cosas de "nuestros tiempos".

- ***No hay mejores maestros:*** Según varios estudios, incluyendo los del Instituto Kinsey, los hombres piensan en sexo cada 52 segundos, mientras las mujeres lo hacemos una vez al día. Es cierto, aunque muchos refutan estos datos y aseguran que las sumas están mal. Muchas de nosotras, sin duda, podemos jurar que pensamos en sexo bastantes veces. Ellos (gays o no) pasan gran parte de su tiempo fraguando, fantaseando, contemplando, imaginando y soñando cómo tener sexo. Por lo visto, nosotras tenemos una o dos cosas más en qué pensar, ¿pero no les parece un trágico desperdicio desaprovechar los conocimientos para los que estos señores han invertido tal porcentaje de su vida?

- ***No juzgan:*** Ellos no han tenido el conflicto de esa programación milenaria que nos incrustaron a nosotras desde la cuna, donde nos hacen caer en un profundo pánico de pensar: *Si soy de muchos, nunca seré de uno solo*. Ahora imaginen el privilegio de los hombres gay, que son dos tipos con la misma programación neurobiológica, y que no tienen todas esas telarañas mentales que a nosotras nos implantaron por el simple hecho de nacer con vagina. Por eso los hombres gay son acusados de promiscuos. Yo creo que simplemente son honestos. Y también estoy convencida de que quienes los juzgan por ello, sólo tienen envidia.

- ***No tendrán vagina, pero tienen sentimientos:*** Como nosotras, los hombres gay son profundamente emocionales y han tenido que ir desarrollando estrategias para no sufrir en el proceso de encontrar el amor.

Sí nos interesa el sexo

Ser mujer en estos tiempos y en esta sociedad es un *shock* cultural. Hay libros y libros dedicados a decirnos por qué no tenemos derecho a mostrar nuestras inseguridades y deseos, si lo que queremos es no ahuyentar a los hombres. El simple hecho de admitir que esos hombres ocupan tanto espacio en nuestras mentes nos hace sentir débiles y pequeñas. ¿Tanto hemos batallado para acabar sirviéndole la cena a un güey?

La verdad es que nosotras vivimos debatiéndonos entre el eterno dilema de casarnos, tener hijos y ser tranquilamente felices para siempre, o de tener una vida llena de emociones y pasión. Todo nos hace sentir culpables, porque si optamos por una cosa, entonces pareciera que estamos abandonando la otra. Si queremos las dos, sentimos que no le hacemos justicia a nada.

Ahora imaginen tener un compañero de vida que es verdaderamente un cómplice. Alguien que comparte tu nivel de emotividad, pero que también piensa como hombre. Si ustedes tienen la dicha de contar con un hombre así como compañero en la vida, aférrense a él, ámenlo, quiéranlo y sobre todo aprécienlo. Es un privilegio como pocos; es algo que necesitamos desesperadamente para poder salir adelante en un mundo tan complejo, moderno y extraño. Porque ellos por instinto saben cosas que nosotros ni siquiera sospechamos, pero también nos entienden emocionalmente. Son lo mejor de dos mundos.

Ésta es la historia de Elisa y Sebastián. La pareja perfecta.

Elisa y Sebastián...

Elisa estaba enamorada. Otra vez. Y Sebastián le ponía cara de que la iba a matar. Otra vez. En el fondo ella sabía que ya lo tenía hasta la madre. Decir que había conocido al *amor de su vida* cuatro veces en los últimos dos meses y medio era ridículo, lo sabía. *¿Pero qué podía hacer?*, pensaba mientras se acomodaba su largo y ondulado pelo negro para que no se le volviera a poner rebelde. Elisa era una mujer hermosa pero no había poder humano que le hiciera realmente creerlo. Estaba delgada pero tenía curvas donde eran necesarias. A pesar de lo oscuro de su cabello, su piel era tan blanca que no podía pasar ni quince minutos en el sol, y sus ojos verdes siempre tenían que estar cubiertos por lentes oscuros para protegerlos. Por supuesto, ella no pensaba en nada de esto mientras veía ansiosamente a Sebastián. Alto, rapado y fuerte, su mejor amigo era el hombre más guapo que conocía. Aunque eso no era lo importante.

Después de no tener sexo por más de… ¡uy!, ¿había pasado tanto tiempo? Ya le tocaba, ¿no? Y fue pura casualidad que estos hombres resultaran ser tan perfectos y que el amor fuera sólo una consecuencia, ¿o no?

En esta ocasión ella estaba segura de que había hallado al amor de su vida. Todo ocurrió en una alberca en el techo del hotel Excélsior, en Río de Janeiro. De un lado, a la distancia se veía el Corcovado; del otro, las espectaculares playas de Copacabana. Pero ella sólo podía verlo a él, que brindaba rodeado de fans, mientras el atardecer pintaba todo de colores. Pensó: *Sólo yo vengo hasta Brasil para conocer al negro perfecto… un gringo que vive en Portland, Oregón, ¡carajo!*

—Tú y yo somos igualitos —le había dicho Sebastián varios días después, cuando por fin pudieron sentarse en el Sushi de siempre en la ciudad de México, después de dos agonizantes semanas de no verse—. Un par de compulsivos perversos, primero notamos algo que nos causa repulsión o miedo y decimos *ooough*, entonces enfocamos un poco más de cerquita, lo pensamos un poco y decimos *¿hmmmm?*, antes de lo que nos imaginamos ya estamos obsesionados, enajenados y pensando: ¡Más, más! Eso pasó con tu negro, estás obsesionada. Quieres más y más. ¡Y ni siquiera cogieron!

Para ser la persona que más entendía a Elisa en el mundo, Sebastián a veces parecía no entender nada.

—¿No te das cuenta de que esta vez es en serio? ¿No puedes ver que lo amo? —alegó ella.

Esa noche en Brasil había sido perfecta. Llegaron varios días antes para el FAM de aquel país, evento organizado por la ciudad de Río que invitaba a gente de todo el mundo a conocer sus playas y contrarrestar la imagen de que era una ciudad peligrosa.

Elisa era editora de la revista de viajes más importante de México, y en un mes visitaba más lugares que la mayoría de las personas en toda su vida. Se había vuelto sumamente difícil impresionarla. Ni la visita al Burj Kalifa, el edificio más alto del mundo en Dubai, le robaba el aliento, a pesar de su indiscutible perfección. No se había dado cuenta de que estaba en problemas hasta el día que, encontrándose en la punta de la Torre Eiffel, no quitaba la vista de su teléfono mientras subía sólo pensando en las calorías que quemaba con el esfuerzo. De hecho, le cayó el veinte que estaba ahí, porque en la cima tomó una foto y la *twitteó*. Dos minutos después, al ver de nuevo su teléfono, comprendió dónde estaba realmente, y mirando alrededor un esplendoroso París nocturno, descubrió lo triste de su situación. *He perdido la capacidad de maravillarme,* pensó, *pero no he perdido la capacidad de sonar como panfleto turístico cuando me hablo a mí misma. ¡Bravo, Elisa!*

El caso es que ahora sí estaba impresionada, y mucho. Pero no por el nuevo y extraordinario lugar que visitaba, sino por ese hombre de dos metros, de piel completamente oscura y sonrisa de tal *wattaje*, que debería venir con algún letrero de advertencia. Alguien le había dicho que tenía un programa de televisión sobre viajes que se transmitía en ciertos estados del noroeste de Estados Unidos, y que era una especie de celebridad local.

Evidentemente Elisa no era la única que pensaba que el hombre estaba delicioso. Se veía rodeado por una, dos, seis mujeres, mientras se recargaba casualmente en la barda, el mar a sus espaldas, con 14 pisos abajo y una copa de *champagne* en la mano. Agentes de viajes, reporteras, edecanes, todas haciendo lo mejor que podían para llamar su atención. Elisa encogió los hombros y volvió a prestarle atención a su computadora. Tenía mucho por escribir.

¿Por qué no estaba contestando los mensajes? Se preguntaba semanas después en México. La realidad le cayó encima como un costal de ladrillos y empezó a sentir la amenaza de la depresión. Como

siempre, le habló a Sebastián, su mejor amigo, para contarle sus penas. Sebastián era un santo por aguantarle tanto; él tenía cosas más importantes que hacer, como hablar con su novio de Canadá, que enfrascarse en su más reciente ataque de pánico porque Jason, así se llamaba este hombre perfecto, no le había escrito otra vez a Elisa.

—Te juro que si no me dices qué hacer... ¡le voy a hablar! —amenazó a Sebastián—. Y si luego te enojas conmigo va a ser tu culpa —aseguró rebelde e impulsiva.

Elisa era muy, pero muy impulsiva. Estaba bien porque esa naturaleza le ha permitido ser tan exitosa. También era lo que la había llevado a la sala del psiquiatra en más de una ocasión. Su primer terapeuta la corrió por desobediente; el segundo sólo quería tomar café y averiguar cómo conseguir descuentos en las líneas aéreas; y el tercero —al fin, el doctor perfecto— se murió de un infarto después de la tercera sesión. No. La terapia no era para ella.

—Lo siento mi amor, pero eso suena un poco *cucu*. Haz lo que quieras pero no le reclames —contestó Sebastián.

En esa noche brasileña todo cuadraba a la perfección. Pensaba: *Se supone que la fiesta será épica...* Cuando de pronto, Jason, este hermoso espécimen de ser humano, le dijo a Elisa, que ni lo había visto llegar:

—Por favor, dime que no trajiste tu computadora aquí también.

—Mi... compu... ¿uh? —contestó, mostrándose apta, brillante y capaz.

—No quiero que pienses que te estoy acosando, pero llevo días viéndote en esa alberca, y no despegas la mirada de tu máquina. Me parece de lo más sexy que he visto en mi vida —dijo él, dejándola boquiabierta.

—Ah... pues es que yo estaba... la chamba es... tú tenías... ¿qué? —respondió, dejando seguramente una impresión de mujer firme, inteligente y fuerte. *Todas, cosas que sí soy, carajo, pero éste sí me deja en la idiota,* dijo para sus adentros.

Por fortuna nada de ello pareció molestar o distraer a Jason, quien sugirió:

—A ver si al rato brindamos por Río. Culpemos a Río.

Seis caipiriñas más tarde, Elisa y Jason se encontraban afuera del cuarto del hotel besándose desesperadamente.

—Pero no pasó nada después —Elisa le confesó con pena a Sebastián algunos meses más tarde—. Me dijo que me respetaba demasiado para eso. ¿Qué carajo quiere decir eso? —lloriqueó buscando comprensión—. Entonces se quitó su corbata, me la dio y se fue casi corriendo.

—Pero lo volviste a ver dos semanas después, ¿no? —preguntó Sebastián, aunque era la quinta o sexta vez que escuchaba la historia.

—Sí, ese fin de semana cuando nos volvimos a encontrar en la Riviera Francesa. Ahí… bueno, sí pasamos tres noches juntos ¡wow!… pero él nunca… nosotros no...

—¡Tiene novia, güey! —contestó el siempre sutil, dulce y probablemente atinado mejor amigo—. No te quería decir esto, pero cuando un hombre heterosexual hace todo lo posible para evitar una penetración es porque, seguramente, no tiene permiso.

Silencio… Más silencio. De pronto, la gran carcajada que Elisa no sabía si llegó antes o después que las lágrimas, invadió el lugar. Se convirtió en menos de un minuto en uno de esos incontrolables ataques de risa, mocos y llanto que se quedan para la historia.

—Te odio, odio cuánto sabes. Odio que siempre tengas la razón —le dijo a su amigo. Pero Elisa estaba consciente de lo que venía y se enderezó para escuchar. Las lágrimas aún corrían porque, después de todo, acababa de descubrir que este hombre al que "tanto amaba", evidentemente no sentía lo mismo, pero trató de dejar eso de lado para escuchar a Sebastián.

—Mira, te voy a compartir un secreto que sólo los gays sabemos. Tienes que pasártela pocamadre. Besa a Jason. Acuéstate con Jason. Averigua si es cierto eso que dicen de los negros...

—Sí lo he… —empezó a decir Elisa.

—Cállate, muñeca. Ése no es el punto. También haz lo mismo con Joaquín, con Rodrigo, con Daniel, con Ahmed. Te diría que con Mariana, pero tú no le haces a eso. El caso es que pásatela increíble. Goza de tu vida y de tu cuerpo. Pero cuídate. Y no hablo sólo del condón. Hablo de tus emociones. El día que empieces a sufrir, entonces lo estás haciendo mal. Sé el hombre gay perfecto. Pruébalos, muérdelos, siéntelos. Pero no los sufras. Dios sabe que pasaste demasiado tiempo nada más trabajando. Es hora de gozar. Pero no sufras. Ésa es la ley de oro, ¿ok?

Las lágrimas dejaron de correr. Elisa estaba mejor. Y ya armada con este conocimiento que le habían compartido recapituló:

—Está bien, tienes razón. Quiero ser el hombre gay perfecto. No quiero sufrir —dijo convencida. Respiró profundo y asunto arreglado. Treinta segundos después—: …Pero… ¿qué tal si estás equivocado respecto a Jason? ¿Qué tal si realmente me ama? ¿Puedo al menos… tener esperanza mientras sigo divirtiéndome y besando y mordiendo? —preguntó a Sebastián, quien suspiró. Él no hacía milagros. Después de todo, Elisa pertenece a ese complejo y conflictivo género femenino.

—Mi amor, no esperaría otra cosa de ti —contestó.

Evidentemente esta historia no había llegado a su fin.

El último intento

En un momento dado es muy común confundirte y pensar que estás enamorada de quien será tu futuro marido gay. De hecho, seis de diez parejas de este tipo con las que platiqué, no sólo tuvieron complicaciones al iniciar su relación, sino que hubo hasta confusiones serias en el proceso.

Mi mejor amiga quería conmigo. Yo aún no salía del clóset, pero sí sabía qué quería.

Platicó uno de ellos, un chavo de 25 años, quien no podría ser más gay en esta vida.

Estábamos muy chicos. Ella tenía 16 y yo 15. Sí, fue un error de mi parte, pero decidimos andar. La verdad es que la quería tanto que pensé que eso era lo que había que hacer, aunque aquello resultó un desastre. Un grave error. Pero no me arrepiento. El amor estaba ahí y aquí sigue. Y el día que ella superó que yo le dijera que prefería acostarme con su hermano, fue entonces cuando esta relación empezó a funcionar.

Cuando hablamos de últimos intentos también está la historia de Liliana y Christian. Esos dos sí son la pareja gay perfecta. Liliana me confesó que aunque le gustan sexualmente las mujeres, no se puede imaginar teniendo una relación de dependencia emocional con alguien de su mismo género.

Sólo espérate que al tercer mes se nos sincronicen los periodos y agárrate. Pa' como soy, seguramente ella acabaría desaparecida y yo teniendo que explicarlo en algún ministerio público.

Sí, Liliana no es precisamente la flor más delicada del ejido, por lo que se puede entender (además de sus latentes pero no expresadas tendencias lésbicas) que a sus 34 años nunca haya tenido una pareja estable, hombre o mujer. Pero hay algo que Liliana siempre quiso. Ser madre. Me narraron su historia:

—Así que le dije a Chris... es hora, cabrón —a lo cual Christian sonrió, y la tomó de la mano.

—¿Cómo podía decirle que no? Era eso o comprarle otro reloj biológico. No son fáciles de conseguir —dijo Chris.

Liliana volteó a verlo; de pronto su mirada era dulce, y dijo:

—Que no se haga. Él también quería ser mamá. El caso es que primero lo intentamos a la antigüita, de la forma casera, ya sabes, con una pluma Bic —la risa de Christian la interrumpió, y dijo:

—¡No mames, güey, no hicimos eso! Dijimos en una peda que lo íbamos a hacer... pero no es tan fácil. Creo que eso lo leíste en una revista de chismes...

—El caso —continuó Liliana regresándolo al sillón con un buen golpe en el pecho con la palma abierta— es que hicimos lo que teníamos que hacer. Y mira... —abrió los brazos para mostrar su panza de seis meses de embarazo—. Va a ser niña —sonrió.

—Y a ella sí le van a gustar los hombres —volvió a interrumpir un muy orgulloso Chris—. Igual que a su papá.

No me cabe la menor duda de que esa niña será profundamente amada. Y que seguro decidirá ser *mocha,* tradicional y recatada, sólo para llevar la contra.

De verdad, hay que aprender a apreciar y a celebrar el encontrar a alguien así en nuestras vidas. A mí también me pasó algo similar que a nuestra primera pareja. Yo estaba súper enamorada de quien es mi marido gay hoy en día. Estaba segura de que él también parecía bastante interesado. Compartíamos todo, íbamos de compras, cantábamos canciones de musicales de Broadway a todo volumen y me ayudaba a maquillar. Evidentemente, éste era un hombre que quería estar conmigo, ¿o no? Trascurrieron meses de esa feliz manera, hasta que por fin, después de pasar una noche entera ayudándolo a coser unos vestidos que diseñó para un desfile de modas, acabé dormida a su lado en su cama. *Al fin,* pensé emocionada.

Yo me arrimaba un poco. Él, sutilmente, se movía tres centímetros a la izquierda. Volví a intentarlo, y lo mismo. Creo que la escena hubiera podido continuar por horas, pero su cama era *queen size* (muy apropiado), y ya no había para dónde huir. De repente se levantó y me dijo: "Aquí hace mucho calor, creo que me voy a dormir al estudio".

¡Tómala!, grandísima idiota. En la mañana amanecí encabronada, sin saber si era con él o conmigo misma. Para ese fin de semana, cuando ya había superado todas las inseguridades que afloraron de tan patético episodio, llegué a la siguiente conclusión: *debe ser gay.* (Hay que ser bien letrado e instruido para llegar a tan brillante observación, ¿no?, porque de otra forma la respuesta era que no le gustaba, y ahí sí que no, ¿eh?).

Claro que, armada con ese conocimiento, tendrían que transcurrir otros tres años antes de que al fin realmente entendiera el asunto: *Este hombre será parte de tu vida para siempre. Lo amarás. Te amará. Pero nunca lo conocerás bíblicamente. Mejor así.*

Dieciocho años y muchos hombres después, y aquí seguimos. Juntos. Más unidos que nunca.

POR CIERTO...

- Durante el proceso de hacer este libro muchos se alteraron cuando escucharon el término 'marido gay'. No se escandalicen, es sólo una forma amorosa de referirse al mejor amigo y compañero de vida. NO está peleado con la familia. Es familia.

- La batalla de las mujeres por ser consideradas iguales no está ganada en absoluto. Un simple ejemplo de esto es el constante uso del término *feminazi* (acuñado por el comentarista de radio Rush Limbaugh y el economista Tom Hazlett desde 1989). De acuerdo con ellos, "el feminismo se inventó para que las mujeres feas pudieran tener acceso a puestos más visibles en la sociedad". ¿Así o más retrógradas?

- Hay mujeres radicales que no ayudan a la causa en absoluto. ¿Qué tal la activista Andrea Dworkin (1946-2005)?, quien tenía un póster en su casa que decía: *Los hombres muertos no violan*. Háganme favor. Por cierto, Andrea pesaba 150 kilos y consideraba que el sexo heterosexual siempre representaba una violación para la mujer...

- *Salop* es una palabra que mi marido gay goza usar en tono de sátira, pero aunque la utiliza para referirse a ciertos hombres con potencial de hacernos sufrir, en realidad significa "mujeres promiscuas". Puede ser utilizada como injuria sexista; en los jugueteos sexuales y en las relaciones sadomasoquistas se refiere a la mujer sometida a su pareja.

- Pensar en sexo. *¿Qué tienen los hombres en la cabeza?* Esto fue lo que un fabricante de *shampoo* preguntó a 300 hombres y 300 mujeres. Mientras que 34% de las mujeres contestó que los hombres viven obsesionados por el fútbol, sólo 12% de estos últimos dijo que estaba pensando en el balón. En cuanto a los principales temores masculinos, no es la impotencia sexual, como lo cree 90% de las mujeres, sino los kilos de más (36%), la calvicie (31%) y las arrugas (20%).

- Artistas como los Jonas Brothers intentaron poner de moda la abstinencia entre los adolescentes que los seguían, incluso portando *anillos de castidad* con esa promesa. Pero, para el caso, lo mismo intentó en su momento Britney Spears. Y, para la historia, en los ochenta, Debbie Gibson y Tiffany.

- *Échale la culpa a Río*, la recordada comedia típicamente ochentera con Michael Caine, fue dirigida por el maestro Stanley Donen y se estrenó en México el 1° de agosto de 1985. Todavía ocupaba algunas salas cuando el terremoto cortó sus risas.

CAPÍTULO 2

No quiero el perdón

Perdónate, para sobrevivir.
Rent, Jonathan Larson

Disculpe...

Le dije a mi marido gay hace poco: no tengo la menor idea de lo que estoy haciendo, ¡y me encanta!

No voy a pedir disculpas por eso.

De hecho, un día amanecí harta de ofrecer disculpas en general. Todo ocurrió porque la culpa me estaba matando. ¿La culpa de qué? Se preguntarán. Pues la de todo. De ser, de vivir, de desvelarme, de estar contenta, de comer, de desear, de absolutamente todo. Me puse a analizar cómo me comportaba yo, y me di cuenta de esto que me aterró: estaba pasando la mitad de mi vida pidiendo perdón. Todo el tiempo. ¿Pero por qué? No estaba haciéndole daño a nadie. Creo que sólo pedía que me quisieran, lo cual es terrible.

Si tienes que rogarle a alguien que te quiera, puedes ir dando por inútil y terminada esa relación. Y peor aún, si lo que se requiere de ti es que dejes de ser tú misma para ser querida, definitivamente es hora de tirar esa toalla.

Eso de andar pidiendo perdón por todo suele volverse un hábito que tarde o temprano nos amarga la vida. Empieza con detalles tan simples como el lenguaje. Nuestros padres nos decían que era por educación, yo digo que es por acomplejados.

Disculpe, ¿podría usted venderme ese boleto de Metro para llegar a mi casa?

¿Por qué nos disculpamos por eso? ¿Quién nos dijo que ofrecer una disculpa era lo mismo que ser amable? ¿Es tan molesta nuestra presencia, nuestra mera existencia, que el vendedor de boletos en el Metro no querrá despacharnos uno a nosotros por el simple hecho de ser quienes somos? Y en el caso de las mujeres la cosa se pone mucho peor, porque con ese tipo de educación acabamos aventando joyitas como...

Disculpe, pero creo que me está agarrando la nalga. Estoy segura de que es sin querer, y créame señor que acabo de conocer el transporte público, se nota que usted debe ser una fantástica persona, ¿pero le molestaría mucho dejar de meterme mano?

Sí, un buen principio para dejar de vivir tan limitadas es dejar la culpa que nos lleva a pedir perdón por todo lo que hacemos. Éstos son sólo algunos de los motivos por los que simplemente me niego a seguir disculpándome:

- ***Por tener sentimientos:*** Sí, los tengo y son una friega, pero ahí están y no los pienso desatender sólo porque incomodarán a algunos o a varios, ¿ok?

- ***No ser lo que esperaban:*** Ya sé, a estas alturas debería estar llevando a los niños a la escuela y cocinándole la cena a mi marido. La verdad, al menos por ahora, prefiero viajar por el mundo con mis amigos (y más), ver teatro y entrevistar a las grandes estrellas de cine. Quiero escribir, conocer gente y sentir. Eso es lo que yo quiero.

- ***Por ser vanidosa:*** Ni modo, no hay espejo que conozca frente al que no me haya detenido. Me caigo bien, y últimamente hasta me gusto.

- ***Por tener deseos:*** ¿Qué les digo aquí? Nos entrenaron para hacernos como que no, pero a la gran mayoría de nosotros nos pasa que nos topamos con ese momento en el que nos gana la hormona. Invade la razón. Podemos darnos cuenta de lo que estamos haciendo, pero no sabemos detenernos. No voy a pedir perdón si es que eso me pasa, pero tampoco voy a dejar que me gane a largo plazo. Nunca.

- ***No detenerme por lo que piensen los demás:*** Quisiera decir que nunca me importa, pero no es cierto. Nunca me disculparé por detenerme a averiguar lo que opinan los demás, para luego hacer exactamente lo que yo considere correcto. No hay otra forma de vivir.

- ***Por tener ambiciones:*** ¿Calladita te ves más bonita? Me temo que mi bocota es infinitamente más grande que mi vanidad.

- ***Por no tener filtro:*** Hay hasta diagnósticos médicos para esta condición. No creo tener ese pretexto, pero prefiero meterme en problemas por decir algo en lo que creo, que enfrentar las consecuencias por no decir nada.

- ***Por querer amor:*** Esto, ahora comprendo, es lo más importante por lo que nunca voy a disculparme. Por mucho tiempo nos hicieron creer que si íbamos a ser libres y autosuficientes no podíamos admitir esta terrible debilidad. Lo siento, me arriesgo. Quiero amar.

Perdón, pero...

De repente ella se le paró enfrente, en medio del eje vial y lo volteó a ver; casi se le salió la sonrisa pero la alcanzó a detener. El pensamiento que traía en la cabeza era demasiado delicioso y perverso como para echarlo a perder haciéndolo explícito. Simplemente le preguntó:

—¿Te lo has imaginado?

Así nada más. No fue necesario decir otra cosa. Los coches que casi los alcanzaban a toda velocidad en esa tarde tan extrañamente clara y soleada, lo salvaron de tener que contestar. Los dos se concentraron en lograr cruzar la calle. Al llegar a la banqueta él descubrió que los ambulantes, la gente saliendo del Metro y los baches, eran el perfecto pretexto para no tener que decir nada, pero pronto ya no había quién ni qué lo salvara y la tensión no podía seguir siendo ignorada.

—Pues ahora sí hiciste que me lo imaginara.

Sólo con eso, los dos sabían. Iba a ocurrir. Había pasado demasiado tiempo desde que sucedió aquella noche, cuando se encontraron de casualidad en un antro a donde ella fue con sus primos. *¿Qué haces aquí? ¿A poco tienes vida fuera de la oficina? ¿Quieres tomar algo?*

Cuando menos se lo había imaginado, se dio cuenta de que estaba besándolo feroz y dulcemente, en medio de cientos de personas que bailaban con música *house* y proyecciones de láser alrededor.

Pero desde entonces, nada. Él le comentó el lunes siguiente, cuando se vieron en la oficina:

—Creo que bebimos mucho, ¿no? No quiero que esto afecte nuestro trabajo. Viene difícil.

Y ella sólo había podido decir:

—Sí, perdón...

¿Perdón, grandísima estúpida? Se preguntó a sí misma. Él te besa a ti, te parte la madre, todo el esquema que traías de la vida, te hace quererlo sólo por como huele, ¿y tú le pides perdón?

—No hay de qué, sólo pasó...

Dijo él, aparentemente muy satisfecho de sí mismo, dejándola con un profundo dolor de confusión en el pecho y un encabronamiento indescriptible, que sólo podría haberle quitado con otro beso que no estaría dispuesto a dar.

No le iba a decir que no había podido dormir en dos noches por estar pensando en él. No podía confesar que había cancelado todas las citas que tenía en la semana esperando que él volviera a reaccionar. No había manera en esta maldita vida de que su orgullo le permitiera decir lo que realmente ella quería:

Te tengo que seguir probando. Tengo que saber cómo es cada centímetro de tu cuerpo. Quiero saber cómo te ves desnudo. Quiero saber cómo eras de niño. Quiero, qué horror, quiero que me dejes amarte.

No, no podía ser. Y mucho menos ahora que los dos competían por el mismo puesto en la disquera donde trabajaban. Mientras veían cómo se desmoronaba la industria a su alrededor, ellos eran los únicos verdaderos sobrevivientes de su generación. Sabían cómo vender música a través de Internet y usar las redes sociales para promoverla; los discos estaban muertos y, al parecer, cinco años atrás ellos fueron los únicos dos que lo vieron venir. El trabajo ante todo. Por eso seguían ahí, pero ahora la crisis los había alcanzado y sólo quedaba un lugar en la empresa para uno de los dos.

Así que ahí estaban, como siempre en su escapada por el café de la tarde, siguiendo esa regla no escrita de ni siquiera mencionar lo que había pasado esa noche. De pronto ella no pudo más. En ese instante se perdonó a sí misma por haber abierto otra vez esa puerta tan peligrosa. Ya no iba a pedir perdón por desear a este hombre de pelo negro y ojos evasivos que tan mal la traía; ella se detuvo bruscamente haciendo que él hiciera lo mismo, le arrebató su celular y se le quedó viendo. No iba a dejar que evadiera esta respuesta, aunque le partiera la madre lo que le pudiera decir.

—Ahora ya hiciste que me lo imaginara —aseguró él.

El silencio duró unos segundos que se sintieron eternos. Ahí estaban ambos, parados uno frente al otro sosteniéndose las miradas, provocando sensaciones exquisitas y peligrosas.

—¿Y entonces? —habló ella.

—¿Vamos a cenar? —preguntó él, tentativo.

—Sí, a mi casa —afirmó ella.

En seguida se perdonó por este detalle tan sugestivo; ya no podía ni quería seguir fingiendo que no le importaba.

Él probablemente hubiera encontrado un pretexto para cambiar la cita a un punto mucho más seguro, donde estaría rodeado y podría huir en el momento que fuera, pero en ese instante sonaron los celulares de ambos.

Ella se rindió y le devolvió el maldito aparato, ese mismo al que él siempre acudía cuando sentía su mirada demasiado profunda o amorosa encima. *No me avientes esa mirada sexy,* le decía y corría a refugiarse en su pequeño tecladito. Esta vez era un correo electrónico que les llegó a los dos. Había junta con el director de la disquera al día siguiente, ésta era la buena. Alguien sería despedido esa quincena.

—Está bien, en tu casa —de pronto le dijo decidido, causándole casi un impacto de la impresión y la emoción.

Era el momento. De todos modos mañana uno de los dos no iba a poder perdonarle al otro el haberse quedado con la chamba, y se iban a dejar de ver a menos que hicieran algo al respecto. Era ahora o nunca.

Esa noche ella preparó todo. Él llegó muy puntual y con dos botellas de vino que procedieron a tomarse demasiado rápido. Bajo su influencia, ella se atrevió a preguntar:

—Perdón por ser así de directa pero tengo que saber, no te gustó besarme, ¿verdad? Eso es lo que realmente pasó, no puedo creer que estés tan raro sólo por la chamba. Obviamente no te gustó tanto… o hay alguien más... o eres gay… o…

—No voy a besarte —dijo él, moviendo la cabeza de lado a lado pero dando un paso hacia ella…

—¿Quién te lo pidió? —contestó sin aire, sosteniéndole la mirada.

—No te puedo besar.

Estaba frente a ella; de pronto, él no pudo más y se le abalanzó. Había perdido la capacidad de resistencia, se había quedado sin control, le besó la cara, los hombros, el cuello… detuvo su cara entre sus manos y se le quedó viendo intensamente antes de besarla otra vez. Comenzó, lentamente, a quitarle la ropa.

Ella simplemente se desplomó, era suya. Es lo único que quería en esta vida… y así pasaron toda la noche, ignorando la cena por completo, absolutamente satisfechos, desesperados por tocarse, por estar uno dentro del otro, por existir en ese preciso momento en el mismo espacio. Ella ni siquiera se había atrevido a imaginarlo porque sabía que el mundo nunca sería igual después de que este hombre le hiciera el amor. No quería nada más en esta vida. Se quedaron dormidos, enredados uno en el otro en el sofá de su departamento. Ni siquiera habían alcanzado a llegar a la recámara.

A la mañana siguiente ella se despertó. Eran las 9:00 am. *¡Maldita sea!*, gritó. La junta era a las 10 y aún tenía que cruzar toda la cuidad. Volteó a buscarlo, si él llegaba tarde por su culpa no podría perdonárselo, pero lo único que encontró fue la lucecita en su celular llamándola. En efecto, ahí abajo del último "¿vamos por café?", había un nuevo mensaje de texto:

Perdón por irme así, pero no te quería despertar. Te veías hermosa. Nos vemos en la junta.

¡La junta!, corrió desesperada pero aun así llegó 13 minutos tarde. Todos estaban sentados alrededor de la gran mesa redonda cuando ella apareció sin aire, y todos sin excepción voltearon a ver sus relojes. Ese acto reprobatorio lo incluyó a él también.

—Perdón, perdón, perdón. Es que anoche me des... había mucho tráfico. Perdón.

Su jefe, impaciente, sólo hizo una señal para que tomara asiento y siguió hablando:

—Como les estaba diciendo... estamos haciendo milagros con el presupuesto, pero a pesar de las tendencias en este mercado, aquí vamos a seguir apostando por nuestra gente que se la ha rifado y ha mostrado buenos resultados —dijo apuntando hacia donde estaba ella.

—Te vamos a hacer *label manager*, eso significa que ahora tú eres la jefa de estos compadres y eres responsable por ellos. Bienvenida al infierno, pero todos se quedan, así que no hagan que me arrepienta. Ah, y si pueden ir recortando esas salidas por tanto café, yo como encargado de evaluar su productividad se los agradecería mucho. Es todo.

Todos salieron como zombis de la junta. No podían creer que se habían salvado. Ellos dos en particular, estaban listos para decir adiós a esto e ir para adelante a lo que siguiera.

—Perdóname por... —dijeron los dos al mismo tiempo.

—No haberte despertado —dijo él.

—No haberte dado de cenar ayer —dijo ella riendo.

Los dos sonrieron, incómodos.

—Perdóname, pero no puedo... jefa.

—No —le dijo ella—, perdóname a mí, es mi culpa. Yo insistí.

Y ella se alejó tratando de aguantar las lágrimas. Ahora no existía forma en este mundo para decirle que durante la junta había decidido no aceptar el puesto por él; ahora sólo le quedaba perdonarse a sí misma por quererlo tanto.

Tampoco quiero que me disculpen...

Este asunto de la culpa y el perdón se vuelve más y más complicado con el tiempo. Yo me he descubierto ofreciendo disculpas por:

- Preguntar la hora.
- Vestirme de negro.
- Que mi *manicure* no sea perfecto.
- Soltarme a llorar.
- Mis ojeras cuando me maquillan para el programa de tele.
- Querer demasiado a alguien.
- Querer que si me dicen que pasan por mí a las 11:00, no sea a las 12:30.

Ya no más. En los próximos capítulos encontrarán historias, algunas reales, de mujeres que me las platicaron, unas muy personales y otras completamente inventadas. Todas tienen que ver con lo complicado y divertido que resulta ser una mujer que tiene que cumplir con las expectativas de una sociedad aferrada a los valores del pasado, pero equipada por la modernidad.

En estas historias NO QUIERO QUE ME DISCULPEN por cosas que asumo como consecuencias de esta búsqueda, como:

- **La absoluta adicción a mi teléfono celular:**
Ya sé que tengo una relación enferma con ese aparato, pero me hace muy feliz y lo puedo dejar cuando quiera. ¿No me creen? Yo tampoco.

- **Ser una especie de acosadora de las redes sociales:**
Es exactamente el tipo de cosas que decimos a nuestras amigas que dejen de hacer, y luego nos descubrimos haciéndolas nosotras mismas. No voy a pedir disculpas porque la tentación es más fuerte que yo y siempre termino poniendo el nombre del *susodicho* en el recuadrito de buscar en mi Facebook. Tal vez lo deje de seguir por salud mental, pero eso no quiere decir que voy a dejar de acosarlo desde la comodidad de mi computadora. ¡Hey!, no soy más que un ser humano.

- **Tener una relación enfermiza con mi báscula:**
Nunca voy a tener una relación normal con la comida hasta que aprenda que ésta no me va a dar amor. Mi báscula es la amiga maldita que me repite esa obviedad cada vez que me subo en ella. La maltrataré y hablaré horrible de ella a sus espaldas, pero sé que la necesito y no debo vivir sin ella. El día que la deje atrás, será porque ya no me quiero a mí. ¿Así o más perversa esta relación?

- **Siempre creer que hay una pastilla para cada mal:**
Es terrible decirlo, pero el pensamiento mágico de mi generación en realidad es científico. No ofreceré disculpas por tener ese tonto impulso de querer buscar un pastillero cada vez que me sienta triste (por cierto, nunca lo encuentro). Sin embargo, sí ofreceré disculpas a cualquiera que le haya mandado un *tweet*, texto, e-mail o mensaje por Facebook,

después de haberme tomado mi pastilla para dormir.
No respondo por mi inconsciente en ese estado. Esos fármacos son un maldito peligro.

- **Amar a mis amigas y a mi marido gay sobre todos los... hombres:**
Lo siento chicos, pero por si no se han dado cuenta, en la mayoría de los casos ustedes vienen y van. Mi marido gay y mis amigas son para siempre, pero no se preocupen, ellos están igual de interesados que yo por encontrar a aquel que sí se va a quedar con un papel fijo en mi historia, sólo que tendrán que llevarse bien con todo el elenco que ya está dando función. Eso no es negociable.

- **Querer a más de un hombre en mi historia:**
Ya conocerán los consejos de mi marido gay al respecto, pero no quiero que me perdonen por no haberme quedado estacionada con quien pensaba que sería "el amor de mi vida" a los 15 años; a esa edad no sabía nada, tampoco a los 25, ni a los 33. De hecho, sigo sin saber nada, y definitivamente nunca pediré que me perdonen por eso.

- **No tener expectativas:**
No quiero que me perdonen por ya no estar dispuesta a acomodarme para salir lastimada. Si algo no está en mis manos, entonces de eso no dependerá mi felicidad. Se dice fácil, lograrlo es una maldita pesadilla. Aquí opero como los alcohólicos: *Sólo por hoy.*

- **Saber lo que tengo que hacer e igual darme el gusto de meter la pata:**
Es que no es lo mismo lo que sabemos, que lo que queremos, ¿o sí? A veces sabemos que nos vamos a estrellar contra la pared otra vez, pero se siente tan bien que lo queremos hacer de to-

dos modos. No estoy recomendándole a nadie esta estrategia, pero no me disculpo por admitir que a veces esos errores son tan deliciosos que le dan sabor a la vida.

- **Poner mis propias reglas respecto a mi sexualidad:** Nunca volveré a pedir que me perdonen por ésta. A pesar de ser víctima de años de acondicionamiento social, ahora comprendo que mi cuerpo es mío y de quien yo decida. Nadie más tiene invitación en esta fiesta.

No me arrepiento

Así que no, no pediré disculpas por nada de eso porque son muchas de las cosas que me hacen una digna representante de nuestros tiempos. Sí, vivo pegada a mi celular buscando amor, lo asumo. Sí, me la paso tratando de entender cuáles son las nuevas reglas y cuáles se quedaron iguales desde el siglo XIX, lo asumo. Sí, decido ignorar esas reglas porque seguirlas nunca me dejaría ser feliz. Lo asumo orgullosamente... las consecuencias también.

Después de platicar con cientos de mujeres al respecto, me queda más que claro que a ellas las pasa mucho de esto. La pasión, la neurosis, la angustia y la necesidad de ser amadas, son de todos los siglos.

¿Y saben qué? Estaba a punto de disculparme por el egocentrismo de creer que mis dramas y felicidades personales podrían ser de interés para ustedes, pero no lo haré.

POR CIERTO...

- Aunque la culpa generalmente nos lleva a reacciones negativas, es considerada por numerosos psicólogos como uno de los grandes motivadores para muchas de las acciones humanas.

- No es lo mismo no olvidar que no perdonar. Los elefantes no perdonan y buscan la venganza, (estudio de la revista británica *New Scientist*). Por eso luego vemos a los increíbles paquidermos poniéndose todos *psicos* contra la gente en las aldeas. Resulta que ellos también sufren de desorden de estrés postraumático por las experiencias que han sufrido anteriormente. De ahí la verdadera elefanta que todas llevamos adentro.

- *Más vale pedir perdón que pedir permiso* es una de las frases más repetidas en nuestro idioma, y también suele ser una de las principales causas de despidos y divorcios en quienes la practican como deporte.

- Un estudio hecho en la Universidad de Texas, en Austin, asegura que la mitad de los hombres pasaría por alto la infidelidad de sus parejas... siempre que fuera con otras mujeres. Ellas, en cambio, estarían menos dispuestas a perdonar las aventuras de sus novios con otros hombres.

- *Ilunga*, es la palabra más difícil de traducir del mundo, según una encuesta de la empresa *Today Translation* con mil lingüistas. Es una expresión en idioma tshiluba, hablado en la República del Congo, que quiere decir: *Una persona que está dispuesta a perdonar cualquier abuso la primera vez, a tolerarlo la segunda, pero ya no a la tercera.* O como quien dice en nuestra cultura: *la tercera es la vencida.*

CAPÍTULO 3

Los 7 hombres

¿Cómo puede una mujer estar feliz con un hombre que insiste en tratarla como un ser humano perfectamente normal?

Oscar Wilde

El número

¿Con cuántos hombres has estado? Ésa es la pregunta que ningún hombre debe hacer, pero externan más seguido de lo que nos gustaría. Por qué demonios quieren saberlo, no tengo idea. No pueden ganar nada al obtener esa información. Igual tienen que usar condón, señores.

Y volvemos a lo mismo de siempre; si se lo preguntamos a ellos, seguro subirán sus ojitos hasta lo más alto que alcancen mientras pretenden escudriñar sus mapas mentales y encontrar el compartimiento que sostenga dicha información. Y no lo lograrán.

Pero ay de nosotras si hacemos lo mismo. Éste es un momento clave en la gran mayoría de las relaciones de la historia. No porque el número importe en absoluto, sino porque es hora de marcar territorios, de mostrar nuestra seguridad y establecer la igualdad. *Si tú no te acuerdas, ¿por qué habría de hacerlo yo?*

La verdad es que en la mayoría de los casos nosotras sí nos acordamos. Y si ellos lo piensan un poquito más, entonces de verdad deberían preocuparse. A diferencia de ellos, no acostumbramos a recordar ese número como nuestro *rating* sexual, sino como una especie de índice emocional.

No es padre para ellos enterarse de que ahí seguramente sí hay competencia. Que aunque el tamaño sí importa (no vamos a discutir eso otra vez, ¿verdad?), definitivamente no es lo único que hace memorable o no una experiencia sexual. Si ellos supieran todas las cargas emocionales, sensoriales y sentimentales que vienen con ese número, entonces sí temblarían de sólo imaginar la respuesta. Y sí, da lo mismo si ese número es 3 o 333.

Así que ni modo. Tarde o temprano nos veremos en la situación en que algún desdichado tenga el mal tino de preguntarnos eso. Muchos serán doblemente insensibles al soltar la pregunta justo cuando te encuentras en un momento profundamente íntimo y vulnerable. O sea, ya desnudos en la cama.

Pero las mujeres hemos tenido años de entrenamiento para saber qué responder. Con el transcurrir del tiempo hemos desarrollado un extraordinario recetario de frases y actitudes mágicas para sobrevivir este bache en la relación hombre-mujer. Todas éstas son respuestas reales:

- Siempre les digo: *tú eres el primero, mi amor.*
- Sí. ¿Los quieres en orden alfabético? ¿O por orden de aparición? ¿O tal vez por estaturas?... ¿Ves cómo no querías saber?
- Yo ni siquiera considero contestar.
- Lo que importa es el presente, ¿no?
- Si dices pocos, no te creen. Si dices muchos, se ofuscan.
- Le dije la verdad... para chingarlo por metiche.
- ¿De verdad les quieres dar armas para que se pongan todos inseguros la próxima vez que les falle el aparato?
- Los suficientes para darme cuenta de lo increíble que eres tú en la cama.
- No, ¿para qué dejarlos echar a volar su imaginación?
- Son... ¿eh? Ya perdí la cuenta.
- ¿Quieres la verdad? ¿O prefieres poder dormir hoy?
- Son dos. En serio. ¿Por qué carajos no me crees?
- Sí... pero lo dividí entre dos y luego le resté tres.
- No importa cuántos hayan sido antes, lo que importa es que tú eres el último.

Ahora seamos justas, ¿qué pasa cuando les regresamos una dosis de su propia medicina y les preguntamos lo mismo? ¿Hay respuesta buena? Si nos dicen algo menor a dos cifras sonreiremos complacidas, pero en el fondo nos estaremos preguntando: *¿Por qué será que nadie quería acostarse con este? ¿Tendrá algo horrible que se me pasó ver?*, y claro, si nos sueltan un número que suene a sueldo de diputado mexicano enseguida nos diremos: *¿Debo mandarlo hasta a desparasitarse antes de soltarle el "sí"?* ¿Ven? Ellos tampoco pueden ganar con "el número".

Idiotas

Mi marido gay siempre me está diciendo que necesito siete hombres en mi vida. *¿Siete?*, le pregunto con temor. *¿Dónde demonios voy a conseguir el tiempo y la energía para siete hombres? Es más… ¿me puedes decir dónde encuentro siete hombres que valgan la pena? Porque salgo por patas para allá.*

Él responde con la seguridad de un gurú:

Es muy sencillo, mi amor. En cuanto a las relaciones los hombres son idiotas. Nunca vas a encontrar a uno solo que te dé todo lo que requieres. Y como buena mujer de estos tiempos, pareces becerrito mamón. Todo el día quieres más y más. Necesitas al menos siete. A uno solo lo agotarías en menos de una semana.

Hay que aclarar que éste no es, de ninguna manera, un ataque al género masculino al que yo (y mi marido gay también) adoramos tanto. Evidentemente los hombres no son *idiotas* como tales, porque si no, ¿cómo es que llevan lustro tras lustro dominando al mundo?

Pero la verdad sea dicha, ellos antes no perdían el tiempo de su ocupada agenda…

8:00 – Planear guerra
11:30 – Matar mamut
14:30 – Presumir a amigos mamut muerto
y guerra ganada

… en tratar de entender por qué nos hicieron llorar otra vez. No. Ellos estaban muy ocupados matando mamut. Siguen muy ocupados matando mamut.

Mientras tanto, tú puedes cumplir con todas tus obligaciones, tareas y responsabilidades y aún así no dejar de planear la cena perfecta con los elementos perfectos.

Quién sabe qué parte de la programación milenaria mutó en nosotras para hacernos creer que escoger el rimel perfecto realmente hará una gran diferencia entre el amor o la soledad eterna.

Entonces, cuando invertimos tanto tiempo, esfuerzo y emociones para lograr esa noche ideal, es obvio que el mundo se nos viene encima cuando él nos manda un mensaje de texto para avisarnos que no va a llegar porque se quedó jugando *Halo* con su primo.

Sí. Si lo vemos así, lo único que nos puede consolar es pensar que los hombres son idiotas, porque la única otra alternativa sería admitir que simplemente no les importa.

Los siete hombres

Mi marido gay tiene razón. No es que siete sea una fórmula científica, pero sí es un muy satisfactorio y útil número a la hora de llenar, para bien o para mal, todos nuestros vacíos y necesidades. No importa si es al mismo tiempo o en diez años. Pero estos siete hombres siempre estarán presentes para cuando los necesitemos, o cuando necesitemos darnos en la madre (que también tiene su encanto).

Además, si la plática del *número* vuelve a apersonarse y nos ataca el *compulsaurio* (esa bestia que nos obliga, compulsivamente, a tomar decisiones existenciales sin pensarlas ni tantito) que nos hace querer decir la verdad, siete es bastante buen número. Es bueno ya tenerlo pre registrado en la mente para emergencias como esa. Nos alcanzan los dedos de las manos, pero es un buen repertorio de historias y conocimientos.

Aquí vienen algunos de los siete hombres que aparecieron más comúnmente en esas conversaciones con todas las mujeres con quienes hablé.

El nerd *amoroso*

FICHA TÉCNICA

Descripción:	Te adora sobre todas las cosas.
Drama psicológico:	Nunca imaginó tener a alguien como tú, es Peter Pan.
Horario:	24/7
Herramientas:	Teléfono, mensajes de texto, postales, flores, recados, su constante presencia y claro... la computadora.
Fecha de caducidad:	Hasta que te colme el plato.

Sandra lo había conocido en el despacho de diseño donde trabajaban. Ella era la directora de ventas. Él, el creativo. Eso significaba que eran dos tipos de animales completamente diferentes. Mientras que ella pasaba sus tardes haciendo relaciones públicas y comiendo con clientes, él podía quedarse tres días sin separar los ojos del monitor de su computadora.

—Te traje sushi, y una hamburguesa, no sé si comas carne.

Le dijo Sandra esa madrugada que regresó a la oficina con el pretexto de recuperar unos papeles que había olvidado. La verdad es que ella estaba segura de que Dalton iba a estar ahí. Hasta donde sabía, no tenía el menor esbozo de vida propia, pero por algún extraño motivo, tal vez su evidente talento, ella estaba obsesionada con él. No se decepcionó.

Ahí se encontraba con la habitual mata larga que le tapaba los ojos, maniobrando una pluma digital sobre una tabla de diseño. En su enorme pantalla se movía y convulsionaba lo que parecía ser un pez naranja carnívoro con ojos saltones.

—Se llama Banana, y si todo sale bien, este compadre pronto va a ser el responsable de que las ventas de agua con azúcar y pintura se trepen al cielo —le explicó orgulloso, dejándola atónita.

Dalton nunca le había dirigido más de dos palabras. Ni siquiera había dado señales de que reconocía la existencia de Sandra en esta tierra. Pero ahí estaba, poniendo el sushi adentro de la hamburguesa, dándole una mordida al nuevo invento culinario, y volteándola a ver por primera vez.

—Si te esperas unos 15 minutos me puedes acompañar en el *render.*

Wow... la iba a dejar acompañarlo en... ¿en el qué...?

Por primera vez los ojos brillantes de Dalton, que se dedicaban a pintar con luz y a crear universos alternos, se enfocaron en el plano que compartía con Sandra.

—*Render* es cuando la máquina ejecuta todas las órdenes que le di. No me deja trabajar cuando está el *render,* así que voy a poderme concentrar en ti.

Y se concentró. De hecho se concentró tres veces en ella esa noche, sobre el sillón, sobre la mesa y recargados en la repisa que tenía llena de muñecos de colección. *Yodas, Hobbits, Muppets* y modelos del *Starship Enterprise* llovieron a su alrededor, pero ni eso los distrajo por un momento. Bendito *render.* Cuando un recipiente de vidrio que contenía un pequeño feto de vaca hecho de plastilina estuvo a punto de ser derribado en la acción, se detuvo por un momento, pero regresó, mostrando su tan admirable concentración por la que era tan famoso. ¡Quién fuera pantalla de Mac!

Dos semanas después ya vivían juntos. Claro, era en la casa que Sandra compartía con su papá, lo cual hacía prácticamente imposible una secuela de ese remedo de película pornográfica para *geeks* que habían compartido la primera noche, pero juntos al fin.

Pasaron meses que después se convirtieron en años, y Sandra sabía que nunca sería tan amada. Pero tampoco estaba muy segura de qué hacer con un hombre que hablaba la mitad del tiempo en onomatopeyas, y que le entregaba cartas de amor ilustradas con animaciones japonesas.

—¿Qué no sabes que el manga es el origen de todas las cosas? —le decía él.

No. Dalton no era un hombre con quien una pudiera envejecer, porque él siempre sería un niño. Un hermoso, adorable y extraordinario niño, motivo por el cual Sandra se sentiría culpable por años y años. En sus subsecuentes días de soledad se culparía por haberlo hostigado hasta el cansancio con la esperanza de que creciera tan sólo un poco. *¿Qué no era eso lo que amabas de él?*, se preguntaría noche a noche durante muchos años. Pero la verdad es que el amor que vivió con Dalton sería algo que podía guardar para siempre, y sacarlo cuando necesitara saber que no todo el mundo está lleno de maldad. Hay veces que ése es el mensaje que una más necesita recordar.

El malo

FICHA TÉCNICA

Descripción:	Se ama a sí mismo sobre todas las cosas.
Drama psicológico:	Ninguno. El problema lo tienes tú.
Horario:	Cuando quiera.
Herramientas:	Sonrisa matadora y mirada seductora.
Fecha de caducidad:	Hasta que se aburra.

Es la cosa mala amiga. Si no tiene eso no nos interesa, le dijo la muy sabía e igualmente neurótica Lía. *Pero luego andamos lloriqueando, ¿no?* Pues sí, y mucho. Pero si había algo que Sofía tenía muy claro era que nada de eso le importaba. Estaba adicta, completa y absolutamente adicta a ese grandísimo patán.

"Hoy te voy a seducir", le dijo la noche que la conoció en esa playa, y a Sofí le pareció tan burdo, ridículo y grotesco… que no pudo dejar de pensar en él toda la noche. Era la noche perfecta: ella, su amiga y hombres de todos los países en ese maravilloso hotel de Playa del Carmen. Hasta había conocido a uno realmente encantador, Beto. Claro que Beto tenía… pues cara de Beto.

Beto es tu cuate de la primaria, Beto es tu tío, Beto es la pareja de Enrique (¿ya se podrán casar ahora que eso es legal en Nueva York?), pero Beto no es bajo ninguna circunstancia el nombre de aquel con quien vas a tener un tórrido romance bajo las estrellas y, eventualmente, una amorosa y sensual relación duradera, pensó mientras él hacía su mejor esfuerzo. *Si al menos se hubiera presentado como Alberto, ¿pero Beto?*

Era un buen chavo, y la verdad es que platicaba de cosas interesantes, pero de pronto se puso muy pero muy tenso. La espalda se le encorvó cual hiena a punto de atacar. Frente a él, pero a espaldas de Sofía, había llegado Alejandro, quien puso sus fuertes manos sobre sus hombros como charro tranquilizando a una yegua. *¿Y este Neandertal qué se cree? Sólo porque sus manos se sienten como si me pudiera llevar hasta... ¡no! ¿Este imbécil quién se cree que es?,* pensaba Sofía al mismo tiempo que se había quedado muy, muy quietecita. Tenía terror de que si se movía, todos se iban a dar cuenta de que el muy bestia la había excitado, así como así, de la nada y de sorpresa. Maldito bastardo. Por lo visto estaba decidido a cumplir con la amenaza de seducirla.

Lo peor es que Lía, siendo la perspicaz y observadora amiga que siempre había sido, se dio cuenta de inmediato de lo que estaba pasando e intentó salvar la situación. Trató de ayudar a Beto, que estaba haciendo su mejor esfuerzo, y sobre todas las cosas rescatar a Sofía de sí misma.

—Sofí, Beto, ¿me acompañan por algo de tomar? —preguntó con una mirada que no dejaba lugar a la imaginación. Alejandro no estaba invitado.

—Eh... yo creo que me quedo aquí un rato. Vayan ustedes dos, Lía —contestó Sofía débilmente, pero la respuesta se perdió en el seco sonido de la silla de Beto cayendo al suelo de un golpe, después de que éste diera un salto lleno de encabronamiento e indignación. Su mirada estaba clavada como la de un asesino a la de Alejandro, quien sonreía a medias sabiendo precisamente lo que había provocado.

Siempre quieres todo lo mío, hijo de puta. Tenías hasta que venir a la misma playa que yo este fin de semana, ¿verdad? Ésta es mi vieja, cabrón. Mía. Y si la quieres vas a tener que pasar por encima de mí.

Los dos hombres ya habían superado por mucho los 24 años, pero en ese momento parecían de 12, peleando por el balón que se salió de la cancha. Sofía supo lo que tenía que hacer, pero realmente no quería. Se sentía humillada y halagada a la vez. Se sentía como la hembra que altera el balance de la manada en algún documental de *Animal Planet.* Se sentía hermosa, apreciada y deseada. Se sentía como una perfecta pendeja por experimentar todo lo anterior.

—¿Por qué no se consiguen un cuarto ustedes dos? Es obvio que esto no se trata de mí, sino de algo que entre ustedes tienen que resolver. Tal vez se desean y necesitan un pretexto para aventarse testosterona uno encima del otro. Gracias, señores, me siento como una verdadera princesa. Vámonos, Lía.

Y con las miradas y los egos hasta el cielo, las dos mujeres dejaron el comedor.

—Estaría tan pero tan orgullosa de ti —le dijo Lía a Sofía un par de horas y varios cosmos después— de no ser porque ya casi te rompes el cuello revisando si el mega animal de Alejandro ya entró al bar. Te voy a ahorrar la cuenta del quiropráctico. Ahí está junto a la puerta viéndote como si fueras canapé. ¿Qué vas a hacer?

Sofía volteó convencida de que iba a lograr una gloriosa secuela de la escena anterior, cuando vio algo en la mirada de Alejandro.

—¿Será posible que esté arrepentido? —preguntó, sin querer saber lo que su amiga le contestaría—. Dame dos minutos, ¿ok? Voy rápido con el Malo.

El Malo. Cualquiera debería suponer que con ese apodo, que por cierto se le quedaría para siempre, Sofía estaba metiéndose en la cueva del lobo. Y la verdad es que el simple hecho de esas connotaciones oscuras, peligrosas y autodestructivas eran suficientes para hacerla regresar y regresar.

Esa noche, el Malo cumplió con su amenaza en un camastro a la orilla del mar.

Durante años y años Sofía se encontró a sí misma regresando a la guarida del Malo cada vez que necesitaba sentirse viva. Por algún motivo el Malo se volvió su más grande adicción. Una, que con el tiempo se llevó entre las patas la posibilidad de que cualquier "Beto" se le acercara. El Malo no estuvo ahí cuando Sofía perdió su trabajo como directora de arte en una agencia de publicidad. Pero cuando ella llegó a su departamento en lágrimas, lista para mandarlo a la fregada por su falta de apoyo, el Malo la tomó y tuvo el más excitante y sensual sexo triste/encabronado de su vida. Sólo los recuerdos de eso la mantenían despierta hasta todas las madrugadas.

El Malo no estuvo ahí cuando murió la mamá de Sofía. Estaba en Las Vegas con sus amigos y "no hay forma de conseguir un vuelo de regreso, porque éste lo pagué con descuento, muñequita". El Malo tenía apagado el celular el día que Sofía se enteró que estaba embarazada. No lo contestó por varios días más. Nunca se enteró de que Sofía decidió abortar al bebé.

El Malo es alguien que todas tenemos que vivir alguna vez. Es delicioso, doloroso y cruel. Nos hace sentir más que vivas y alimenta nuestro más retorcido e ineludible placer por la autodestrucción. El Malo nunca va a merecer más que la primera noche de nuestras vidas. Después de eso, en el instante que se den color, salgan corriendo. Si no, es imposible dejar el vicio.

Hasta la fecha, Sofía engaña a su marido, un extraordinario y dulce arquitecto, con el Malo.

El imposible

FICHA TÉCNICA

Descripción: Absolutamente perfecto. Totalmente prohibido.

Drama psicológico: No puede. ¿O será que no quiere?

Horario:	En tus sueños.
Herramientas:	Tu propia imaginación.
Fecha de caducidad:	Hasta que aprendas.

Cuando Manuela se dio cuenta de que estaba enamorada por primera vez, tenía 13 años. Fue entonces cuando descubrió el profundo dolor en el pecho por saber que era apreciada, admirada y hasta querida, pero no correspondida.

—Ok. Háblale. Pero no le vayas a decir que yo dije que me gusta. Y no rajes que estoy aquí, güey —suplicó a Yaeli, su mejor amiga en todo el mundo mundial—. Me dejas oír, ¿no? Le preguntas si le gusta alguna niña. Y le preguntas por mí. Bueno, no. ¿O sí?

No importaba, porque Yaeli ya había corrido al teléfono público para cumplir con su misión. Esos días las llamadas eran gratis, por eso se podían aventar la puntada de hablar sin que sus mamás se enteraran. Hacía tres años del temblor, pero el gobierno había decidido que no se iba a cobrar por las comunicaciones públicas todavía, ya que los problemas seguían. O tal vez porque no habían sabido cómo arreglar el caos. Pero ni Manuela ni Yaeli podían relacionar el terror que sintieron hacía tres años cuando desde el camión de la escuela vieron aquellos edificios caer, con la responsabilidad de no abusar de las líneas telefónicas. Era mucho más importante hablarle a Miguel.

—¿Está Migueeeel? —preguntó Yaeli en cuanto terminó de marcar el número. Para Manuela parecía que había transcurrido una eternidad hasta que por fin escuchó a su amiga decir—: Holaaaa, soy yo.

¿Cómo sabe Miguel quién es 'yo'*?*, se preguntó Manuela vagamente, pero no se detuvo a pensarlo mucho. Esta llamada era demasiado importante. Y su amiga iba a averiguar qué era lo que tenía que hacer para que por fin Miguel la pelara.

—Sí, sí la tengo. ¿Mañana? Ok. Claro, ahí nos vemos… —contestó muy complacida Yaeli, antes de ceder a los constantes jaloneos de su amiga que con cara de súplica buscaba saber cuál era el plan y, por supuesto, ser incluida.

—Va. Yo llevó los Cazares y los Miguelitos. Jajajajaja, ok, y los cacahuates japoneses. ¿En serio? Va. Bye —concluyó mientras colgaba el aparato. Sólo entonces vio a su amiga y le dijo:

—Perdón, es que sólo quería saber si voy a ir a ayudarle mañana con la tarea. No le dije de ti porque así puedo preguntarle bien sin que nos interrumpan cuando estemos solos. Sabes que este teléfono se corta.

Era cierto. Los teléfonos públicos eran gratis, pero las llamadas sólo duraban un par de minutos antes de que entrara la horrible grabadora que decía: "Para continuar deposite otra moneda". Como no aceptaba monedas, eso significaba llamada perdida segura. *Seguramente Yaeli tenía razón*, pensó Manuela con filosofía. Trató de ignorar el dolor que sentía en el corazón cuando respiraba muy profundo. Dejó de lado los malos pensamientos. *Es mi mejor amiga y me quiere*, se dijo una y otra vez.

—No sabes cómo lo siento, pero primero se me declaró y claro que le dije que no podía nada con él, porque tú eres mi amiga, y no puedo hacerte eso... —le explicó Yaeli el siguiente sábado.

—¿Le dijiste eso? Ahora va a saber que quiero con él y va a pensar que soy una golfa y... espera. ¿Se te declaró? —preguntó con una voz desde las penumbras al darse cuenta de lo que le había confesado su amiga. Pero al menos ella, le había dicho que no...

—Se me declaró y claro que le dije que no —repitió Yaeli—. Pero luego me llegó. ¡Me llegó, Manu!... ¿Qué podía hacer? —contestó con lagrimitas de imposibilidad la "mejor amiga".

Eso fue hace 23 años. Y todavía dolía. Con Miguel siguió siendo amiga y siempre se quedó un poco enamorada de él. Pero en Yaeli nunca más volvió a confiar del todo. Hasta la fecha, ella la sigue buscando, pero la distancia es incuestionable. Nadie más le haría volver a hacer sentir ese tipo de dolor.

Pero Miguel tan sólo fue el primero de muchos.

Uno fue su maestro en la universidad. Con él sí hubo uno o dos momentos espectaculares. Era italiano y daba la clase de estadística avanzada. Por supuesto que los tutoriales nocturnos no eran parte del currículum que la Universidad de los Legionarios de Cristo ofrecía. Pero todo se vino abajo el día de fin de semestre.

—¿Seis? Me pusiste seis después de todo lo que estudie? —le preguntó con un nudo en la garganta, y ese ya tan familiar dolor en el pecho. Finalmente las actividades externas no cambiaban el hecho de que Manuela era una extraordinaria alumna.

—¿Qué esperabas, bella? Después de esas miradas que me echabas en clase, si te ponía algo arriba de ocho todo mundo iba a sospechar. ¿Y luego cómo lo explico?

Perfectamente imposible.

La siguiente ni la vio venir. A Dan lo conocía de toda la vida. Nunca se imaginó que una noche, después de una profunda y conmovedora plática no podría dejar de pensar en él. Nunca supo el valor que requeriría acercársele a confesar la verdad. Nunca imaginó cómo dolería escuchar: "Yo también te amo... como parte de mi familia. ¡Somos primos, Manuela!"

Un encanto. Perfectamente imposible.

El día que Manuela se descubrió cenando con Pepe, y esperando a que él tuviera el valor de volver a besarla, tuvo una revelación:

¿Y si resulta que la culpa la tengo yo?

Trató de hacer memoria y se dio cuenta de que nunca había estado realmente interesada en un hombre a menos que... *En toda la madre,* pensó al ver al delicioso Pepe, que se veía entre asustado y extasiado por estar con ella en ese momento de intimidad. Fuera del trabajo, donde Manuela era la jefa, y Pepe... su asistente.

Perfectamente imposible.

Así, y sólo así, le gustaban a Manuela.

El placer culposo

FICHA TÉCNICA

Descripción:	El hombre que no compartes con nadie, porque te da pena.
Drama psicológico:	No entiendes por qué, pero no puedes dejar de volver y volver.
Horario:	Cuando nadie está despierto para que no vean con quién estás.
Herramientas:	Hoteles discretos, residencias con seguridad privada y coches con vidrios polarizados.
Fecha de caducidad:	Hasta que te gane la vergüenza.

Ceci era culpable. Se sentía culpable todo el tiempo. Por eso tapaba el *TV Notas* con *El Diario Oficial* y al leerlo en público no se atrevía ni siquiera a sonreír. Por eso la lista de reproducción en su Ipod, que se llamaba Shostakóvich, en realidad tenía a Paulina Rubio, Lady Gaga y Enrique Iglesias.

Se sentía culpable de que sus papás la habían mandado a estudiar a NYU donde se especializó en sociología. No se sentía tan culpable por haber hecho la maestría de ciencias políticas en la UNAM, excepto porque le había quitado el lugar a alguien que no podía pagar una universidad privada.

Ceci se sentía culpable cada vez que se iba a comer sushi y aceptaba la soya con limón, porque sabía que en Japón jamás harían eso, y sabía que se estaba robando a sí misma la oportunidad de vivir una experiencia auténtica; Ceci se sentía culpable todo el tiempo que no pasaba con su hija por permanecer trabajando en la ONG que luchaba por los derechos de las mujeres indígenas, porque sabía que aunque estaba haciendo lo que tenía que hacer, ser hija de padres divorciados no es fácil para una niña de 12 años.

Pero sobre todas las cosas, Ceci, de 38, se sentía culpable de estar pasando el fin de semana con Charlie, de 22, hombre hermoso y político novato de familia adinerada. Charlie era famoso porque sería el heredero del partido político que su padre, el licenciado Carlos Alberto Ramos-Fuentes, había fundado diez años antes.

Pero en lugar de hacer lo que don Carlos hubiera esperado de él, Charlie se dedicó a viajar por el mundo y modelar en las grandes pasarelas de Europa (metrosexual no siempre quiere decir gay). Charlie se había dado una vuelta por Hollywood, donde invirtió una lana en un documental acerca del hambre en África, por lo que se convirtió en "mejor amigo" de varias estrellas de rock con quienes se desaparecía semanas y semanas en sus yates.

Durante una de esas giras mundiales, Charlie se encontraba en casa de una *socialité* neoyorquina el mismo día que ella tuvo la desgracia de ser arrestada por repartir drogas entre sus amigos como si fueran *Palelocas*. Cuando las agencias de noticias mandaron las fotos de Charlie siendo arrestado y gritando en un quebrado inglés "Don't you police people know who I am?", don Carlos lo regresó a casa.

"Los enemigos políticos de la familia plantaron esa historia en los periódicos. Charlie estaba en esa cuidad haciendo una investigación acerca de los abusos contra los inmigrantes ilegales en los Estados Unidos", declaró el senador, y regresó al *nene* a un entrenamiento riguroso para lo que venía. Charlie iba a ser diputado en unos meses.

Y así, bajo instrucciones de su padre, quien lo quería preparar para el futuro cercano, fue como Charlie llegó a la ONG donde trabajaba Ceci, quien trataba de terminar rápidamente lo que le faltaba para poder llegar a darle de cenar a la pequeña Cecilia, que ese día no estaba con su papá.

—Yo juraba que esto iba a ser una mega pesadilla. Pero ve qué *mujerón* me recibe —dijo a modo de introducción "la esperanza de la política mexicana" en el momento que vio a Ceci en las tristes oficinas de la colonia Doctores, donde habían conseguido un pequeño espacio para repartir medicinas y asesorar legalmente a las mujeres indígenas que con trabajos llegaban hasta ahí.

En una banquita frente a Ceci, se encontraban Lákata y Nurhíteni, ambas mujeres purépechas que esperaban recibir orientación respecto a cómo enfrentar al crimen organizado que estaba apoderándose de sus terrenos en Michoacán. *Que alguien me ilumine para poder ayudar a estas personas,* había pensado Ceci con angustia y frustración cuando habló con ellas la primera vez.

—Señoritas bellas, este changarro ya cerró por hoy. Déjenme hablar aquí con la Lic. en privado, por favor —dijo Charlie con tal seguridad, que antes de que Ceci pudiera protestar, Lákata y Nurhíteni ya estaban cruzando la puerta convencidas seguramente de que nada iban a lograr con semejante personaje protagonizando la escena.

—¿Podrías explicarme qué fue eso? —le dijo muy molesta Ceci al escuincle imberbe que acababa de ahuyentar a dos mujeres que habían arriesgado todo para llegar hasta ahí.

—Discúlpame, nena, no quería ofuscar, pero te vi y la verdad es que no pude evitar querer estar a solas contigo. ¿Te han dicho que esos ojos verdes podrían ser argumento de una película? En una de esas hasta yo la produzco. Te puede interpretar Kiera, o la Mori. Vamos a cenar.

Ceci se le quedó viendo con incredulidad. Él le sostuvo la mirada. Ninguno de los dos iba a rendirse, así que ese duelo duró varios minutos. De repente, como siempre pasa con esos juegos, algo cambió. Él estaba sonriendo, podía verlo en sus ojos que no podía soltar. Ella comenzó a darse cuenta de que le costaba seguir indignada. De alguna manera Charlie había derribado la barrera del escritorio, sentándose en éste y posicionándose justo frente a ella. El espacio entre ellos era mínimo. Inexistente. Molesto. Insoportable.

Minutos después, Ceci no podía imaginarse cómo lo habían arreglado tan rápido, se encontraban dentro de su camioneta Mercedes Benz, seguidos por cuatro guaruras camino a Cuernavaca. Ella apenas tuvo la conciencia de llamar a la nana para que se quedara a cuidar a la niña debido a una "emergencia" de trabajo. Al llegar al Club de Golf, la ropa ya les estorbaba. Cuando cayeron sobre el sofá de la entrada, ella se preguntó por qué no había probado esto antes.

Ya se le habían olvidado los milagros que un chavo de 22 años puede lograr en los temas de horizontalidad. Y para el caso de verticalidad. Y de todo lo contrario. Cuando terminaron eran las 3:30 de la mañana, y Ceci no tenía idea de qué había pasado.

Y así, de pronto sintió el plácido deseo de estar en su propia cama con su horrible pero deliciosa bata rosa que nunca mostraría en público. No necesitaba que la abrazaran y le dijeran que la amaban por horas. Estaba lista para cerrar los ojos y terminar con un buen sueño el día más sorprendente de su vida. Se sentía completamente satisfecha y extrañamente... ¡nada culpable!

Era en verdad una revelación de proporciones insospechadas. Ella, la reina del autoflagelo, estaba perfectamente feliz después de tener horas enteras de sexo violento con un escuincle 16 años menor que ella. Y lo mejor de todo era que no quería nada más de él. Absolutamente nada. Se tiraría de un puente si tuviera que tener una larga conversación con él. Primero muerta que presentárselo a sus amigas.

—La próxima vez que hagamos esto, recuérdame que traiga unos juguetes de no mames que compre en un *sex shop* de Dublín —fueron las dulces y cariñosas palabras con las que Charlie se despidió de ella esa noche.

Es la última vez que voy a ver a este niño en mi vida, pensó sin el menor arrepentimiento.

Por supuesto que no sería así. Hubo muchos días de tensión los próximos meses, y Charlie siempre tenía la solución para quitarle es estrés.

En una ocasión, cuando comía con sus amigas, Ceci vio a Charlie entrar al restaurante seguido de paparazos y de la mano de la actriz que protagonizaba la telenovela de las nueve en Televisa.

Sus miradas se cruzaron y ni Charlie ni Ceci dieron la menor señal de que se conocían. Pero los dos sabían lo que pasaría esa noche. *¿Qué culpa?*, se preguntó Ceci mientras siguió platicando con sus amigas y le dio una gran mordida al pastel de chocolate. Charlie había hecho de su vida algo mucho más interesante.

El amor de lejos

FICHA TÉCNICA

Descripción:	Sería el hombre ideal (si estuviera en el país).
Drama psicológico:	¿Cómo puede ser que no estés aquí? ¿Por qué no me contestas los mensajes?
Horario:	Una vez cada dos meses y medio (con suerte).
Herramientas:	Teléfono e Internet.
Fecha de caducidad:	Nunca sabes.

Elisa y Sebastián

—¿Entonces crees que mi papá pueda entender que sus nietos vayan a ser mulatos? Porque creo que ésa ni la ve venir —le dijo Elisa a Sebastián el día que regresó de Los Ángeles después de haber pasado el mejor fin de semana de su vida a lado de Jason.

La verdad es que esta vez hizo trampa y le preocupaba. Nunca había comprometido su criterio profesional por un hombre. No existía razón para ir a ese viaje. El buró de turismo de California la invitaba, y casi le dio ternura la idea. *Tengo la opción de irme a Roma y de crucero por las Islas Galápagos esa semana. ¿Los Ángeles? ¿Qué me van a presumir? ¿Los 17 nuevos* malls *que abrieron?*

De hecho, la intención del viaje era promover la Comisión de Auténtica Comida Mexicana que estaba intentando establecer el estado. Iría toda prensa de diversos lugares del continente para descubrir cuál era la diferencia entre el burrito y una chalupa. *No gracias, ¿para acabar tomando clases de cómo hacer guacamole? Paso*, pensó Elisa mientras cerraba la edición de su revista turística antes de mandarla a imprimir.

Twing. Sonó su celular anunciando que alguien acababa de mandarle un mensaje directo en *twitter*. Como Elisa no había caído en el error de seguir a las 237 mil personas que le habían pedido que lo hiciera, sabía que el mensaje le interesaba. De hecho, por la hora y por ese frío y calculador instinto que toda mujer tiene con *twitter*, sabía que era Jason.

@Jasontheman - ¿Are u doin' the LA thing? Can't wait to see you ...

¡Jason iba a ir a Los Ángeles!, pensó olvidando por completo su opinión respecto a ese viaje.

@elisasabeviajar - Yes. Yes. Yes. See u there?

—Ya sabes lo que dicen —comentó Sebastián al enterarse—. Once you go back... no creo que quieras regresar.

Ella reaccionó con los típicos comentarios:

—Tenías que ser gay. ¿Sólo piensas en sus partes? Yo pienso en el completo y fantástico ser humano con el que voy a estar. ¿Y quién dice que voy a querer regresar con alguien más después de estar con él? ¿Qué tal si es el hombre de mi vida?... ¿Sí será tan grande como dicen? —preguntó de pronto asustada.

Contando el viaje a Río de Janeiro donde se conocieron, Elisa y Jason ya se habían visto dos veces más y aún no habían tenido sexo, aunque pasaron esas noches en Francia besándose, tocándose, abrazados y felices como nunca en sus vidas. Claro, pasaron cosas extraordinariamente excitantes, y cuando él le dijo:

—Es que estoy dejando lo que sigue para la próxima vez que te vea. Para que sea especial y no nos acabemos todo de una vez —Elisa quiso creerle.

Por supuesto que al oír lo que Elisa narró como novela romántica de la era victoriana, Sebastián la había prácticamente convencido de que eso significaba que Jason tenía novia, y que si evitaba *penetrarla* (¡auch!, Sebastián y sus términos) era porque *no tenía permiso*.

Cuando Elisa escuchó eso le dolió pero le pareció perfectamente lógico. Claro que esos días Jason no le había escrito. Ni un DM, ni un BBM y ni siquiera algo en Facebook. Seguramente ya la había olvidado para siempre y estaba feliz con su novia. En el momento que empezaron los recados nocturnos de nuevo, ella se sacudió de las eternas sospechas Sebastianistas; *ni que fuéramos niños de secundaria. Lo que hicimos cuenta como tener sexo. Es sexo. Sólo estaba dejando lo más especial para después*. Se quería convencer.

Y así fue como acabó en el hotel Four Seasons de Beverly Hills una vez más, para pasar lo que sería el fin de semana más extraordinario de su vida. La tercera, definitivamente resultó ser la vencida, y esta vez nadie podía poner en duda que habían hecho una y otra vez el amor noche y día. La primera tarde casi se perdieron la clase de cómo preparar guacamole por no querer desenredarse uno del otro en el *reposet* donde milagrosamente lograron pasar horas sin caerse descubriéndose y redescubriéndose.

Al principio Elisa tenía miedo, pero con los consejos de Sebastián (*Deja que él lleve el condón, usa mucho, mucho lubricante aunque creas que no lo necesites*), había salido adelante. No. Al menos en el caso de este hermoso afroamericano, no era un mito.

—Mi papá es muy tradicionalista —Elisa se descubrió diciendo meses después—, supongo que ya se acostumbró a la idea de que no me voy a casar con un chavo que haya estudiado en el Colegio Madrid, aquí en México, ¿pero crees que pueda con la idea de que sus nietos sean mitad negros y vivan en Portland, Oregón? —preguntó con absoluta seriedad y preocupación.

—¿No nos estamos acelerando un poquito? —preguntó el sabio Sebastián—. Sólo lo has visto tres veces en la vida. Dudo que te haya pedido matrimonio. ¿Ya quedaron en no salir con otras personas?

—Ehhh, no. Supongo que será para la próxima. No sé cuándo lo vuelva a ver, pero para la próxima —dijo Elisa con una sombra de duda en el corazón. Desde que Sebastián le había prometido convertirla en el *perfecto hombre gay*, y ella había aceptado participar en el plan, él ponía las reglas.

—Sabes que lo único que me importa es que vivas. Que goces. Que te cuides y que nunca, nunca sufras. Te estás poniendo en la situación perfecta para darte sola en la absoluta madre. ¡Él no vive aquí!

—Hmmm —fue la profunda y muy pensada respuesta de Elisa.

Sebastián parecía no entender que esto, por más diferente que pareciera, era muy especial, y aconsejaba:

—Tú crees que esto es muy especial porque tienes todo el tiempo y la distancia del mundo para imaginar lo que se te antoje y te convenga respecto a este hombre. ¿No crees que le atribuyes cosas que no tiene, como las ganas de pasar el resto de sus días amándote?

—Hmmmm.

Pero a pesar de que no le gustó en absoluto, Elisa le hizo caso a Sebastián. Siguió saliendo con otros hombres; a algunos incluso los besó. Pero cada mañana en lo único que podía pensar era que le encantaría tener algún recado de su hombre perfecto de Portland. Pasaron los meses y no le tocó volver a coincidir en un viaje con Jason. Pero estaba dispuesta a esperar.

Esta historia no ha terminado.

El que llevarías a casa

FICHA TÉCNICA

Descripción:	Perfecto.
Drama psicológico:	Perfecto.
Horario:	Cuando quieras.
Herramientas:	Su encanto, su cartera, su profesión, su estatus social.
Fecha de caducidad:	Cuando tu aburrimiento le gane a la razón.

—¡Hola, ma! Ya llegué, voy a salir otra… ¿Y tú qué haces aquí? —preguntó impactada Adriana al ver a Juan Carlos sentado en la sala de su casa, tomando el té verde que le ofreció su mamá.

—¡Sorpresa! —dijo el susodicho, mientras se levantaba y tomaba unas flores que había dejado sobre la mesita de la sala para entregárselas. Adriana no pudo evitar darse cuenta de que su madre recibió un arreglo casi idéntico, y éste estaba cuidadosamente acomodado en el florero *bueno* que perteneció a su bisabuela.

—Vi estas flores de camino del despacho a casa y pensé en ustedes dos. Por favor disculpa por haber venido sin avisar, tu mami me pidió que pasara en lo que tú llegabas —le dijo desde su absoluta perfección, ataviado con uno de sus muchos *Ermenegildos*, y su corte de pelo de dos mil pesos.

En ese preciso momento se escuchó el inconfundible motor afuera de su casa; era el sonido de un Jetta 1998. Y así fue como, de repente, Adriana se dio cuenta de que tenía que tomar una decisión: o se iba con su delicioso Chacal o se quedaba con el hombre perfecto (que su madre amaba).

Cualquiera que viera en papel las características de ambos hombres, le diría que estaba loca siquiera pensándolo. Juan Carlos era rico, guapo e inteligente. Era abogado y dueño de su propio despacho. El Chacal era… de hecho, Adriana no estaba del todo segura qué es lo que era el Chacal, pero sabía que nunca en su vida se había reído tanto con alguien.

A sus 23, Adriana realmente no entendía la prisa que su mamá tenía por verla bien casada y con hijos. Nunca le había faltado nada y no veía la razón de asegurar un futuro por el que no temía, enganchando al *hombre perfecto.* Pero entonces su mamá se enfermó, y ahora, seis meses y varias dosis de quimioterapia después, su fragilidad era el motivo por el cual Adriana tomaba gran parte de las decisiones. Como la de haberle presentado a Juan Carlos. Quería darle un pequeño gusto…

Ta ta ra ra ra, tara ra... tara raaaaaa, Adriana no pudo evitar soltar la carcajada. El Chacal lo había hecho, cumplió la amenaza de ponerle el claxon del *Padrino* a su carcacha.

—La próxima vez que venga por ti, te voy a sorprender pa' que me sigas diciendo que soy el más guarro del mundo. Uno siempre se puede superar, princesita... —le había dicho, y ella se regocijaba en pensar qué haría esta vez.

Y ahora aquí estaba. *Ermenegildo* vs. *Corleone región 4.* Tenía que tomar una decisión porque los dos estaban esperando, sin sospechar que el rival permanecía del otro lado de esa puerta.

—Parece que llegó el sushi, ma, voy a ver —dijo mientras se levantaba de un salto esperando poder despachar sin menor explicación ni conflicto al *elemento* que la esperaba afuera. No hubo bronca. Con él nunca la había. La vida era demasiado importante para tomarla en serio, y seguramente mañana podrían salir a *dar el rol.*

Creo que me voy a dormir —le dijo Adriana a Juan Carlos al entrar. Él la miró con sorpresa y protestó.

—Pero ya estoy aquí, ¿no quieres hacer algo? —le dijo incrédulo y apoyado por la mirada de su encantadora suegra.

—No, gracias, hoy no. Me cayeron muy mal las dos tortas que no me comí —y con eso y sin el menor dejo de indigestión, Adriana subió feliz brincando de dos en dos las escaleras, para refugiarse en su cuarto. Se sentía bien, cual perra... de las dos tortas.

El innombrable

FICHA TÉCNICA

Descripción:	La persona con la que más te has enganchado en tu vida.
Drama psicológico:	Es una demoledora emocional.
Horario:	Cuando menos te conviene.
Herramientas:	Lo más roto de tu mente.
Fecha de caducidad:	Depende de la terapia.

—No puedo creer que me puso a competir contra su muchacha —lloraba y lloraba Rocío mientras se confesaba con Dalia, su mejor amiga.

—Eso es de lo más normal, nena, no pasa nada. Finalmente tú no quieres hacerle de comer y tender su cama, ¿o sí? —contestó con la certeza de alguien que después de seis años de casada sabía en qué radica la felicidad matrimonial.

Rocío sostuvo un silencio que lo decía todo. Si ahorita hablaba no habría marcha atrás. Sabía que a sus 30 años, recién cumplidos para acabarla de fregar, nunca se había visto en una situación más humillante. Y sabía que si le decía toda la verdad a su amiga, no iba a poder regresar con Ray sin ser básicamente crucificada por ella. Y con razón. Pero la situación ya estaba fuera de control y el Rivotril había dejado de cumplir con su efecto necesario. El Tafil sólo la dormía. Tenía que confesar lo que estaba pasando.

—No me puso a competir con la muchacha en cuanto a las labores domésticas. En eso me queda claro que me gana, y no me importa. Me puso a competir con ella en la cama.

Silencio. Mirada incrédula. Ojos desviados. Más silencio.

—Y lo peor de todo es que tiene razón. Soy una princesa de las Lomas que discrimina a la gente por ser pobre y humilde —dijo apenada Rocío.

—¿Tiene razón? ¿!Se está tirando a la chacha!? ¿!Tiene razón!? —salió en forma de alarido, pero es inevitable comprender la reacción de Dalia.

Sin pensarlo mucho, Rocío decidió confesarle a su amiga lo que sabía que más la iba a escandalizar, en una especie de acto kamikaze. Estaba consciente de que no habría vuelta atrás después de eso. Una vez que las palabras y los hechos salieran de esa casa de la perdición y el placer, entonces cobrarían la importancia de ser juzgadas con las reglas de este mundo. Pero sólo ahí, entre las cuatro paredes del mundo de Ray y su agotado cerebro, las cosas cobraban su propia lógica, haciéndole creer a ratos que él estaba en lo correcto.

Como esa vez que fueron a comprarle un regalo a la mamá de Ray al centro comercial. Él se disculpó y le dijo que tenía que ir al baño un momento. Pasaron diez, quince, veinte minutos y Rocío se empezó a preocupar. Al acercarse al sanitario vio a un chavito de no más de 20 años salir con cara de sucia satisfacción del lugar. Por algún motivo la palabra *chichifo* brincó a la mente de Rocío, pero no estaba preparada para que un instante después saliera Ray, tomándolo del hombro.

Por supuesto que Rocío no podía probar nada, pero el enojo de Ray al verla ahí con cara de Apocalipsis fue suficiente para saber lo que había pasado. No hubo forma de evitar la verdad. Ray era un adicto al sexo y debía tenerlo a toda hora, con todo tipo de ser humano. Rocío no era suficiente para llenar ese hueco.

—Lo que no entiendes es que él realmente me ama. Y antes de él yo nunca... eh, no había podido... mira, la primera vez en mi vida que me gustó tener sexo con alguien fue con él. ¿Para qué juzgarlo? ¿Qué tal si él tiene razón y eso es lo más normal del mundo?

Las palabras salían como en un torrente de desesperación. Rocío podía desdoblarse de sí misma y sentir vergüenza por lo que decía, por como estaba sonando, por ese tono de angustia y desesperación que salía de alguien que parecía no reconocer. Y ver todo eso reflejado en la mirada incrédula de su amiga, la ayudó a tomar la decisión.

Así que esa noche le prometió a Dalia que se iba a salir de ahí. Y lo cumplió. El problema fue que regresó al día siguiente y también al siguiente. Cada vez que Rocío hablaba con Ray, la vida con él tenía sentido. Realmente todo valía la pena, porque lo amaba. Cada vez que lo veía del exterior se odiaba por seguir ahí adentro.

Al final de la historia, quien terminó todo fue Ray. Ocurrió una tarde cuando él le pidió que se casaran.

—¿Y estás seguro que podrás dejar de acostarte con el resto de la humanidad? ¿Habrá siquiera un mueble que esté a salvo en nuestra casa contigo ahí? —le preguntó Rocío con el último gramo de razón que le quedaba. En ese momento era capaz de cualquier cosa. Hasta de decirle que sí. Ray se quedó pensando...

—No, no puedo. Te amo. Lárgate de aquí en este preciso instante. No te quiero volver a ver en la vida.

Y vino el abismo.

Diez años después, así como escena en restaurante italiano de canción de Billy Joel, se encontraron en Pascuale's, aquel que había sido su lugar favorito.

—Me salvaste la vida ese día —le dijo Rocío—. No te podía odiar. No te podía amar. No podía respirar. Pero un rato más juntos, y hoy no estaría viva. Vine a decirte, gracias.

Ray la miró, y de pronto tenía lágrimas en los ojos. Él realmente sí la había amado. Pero era verdad, ninguno de los dos habría sobrevivido si se hubieran quedado juntos. Con esta confesión, sin embargo, la historia podía al fin tener el epílogo que merecía.

—¿Una botella de vino? Hay rojo y hay blanco. O tal vez prefieres un vino rosado —le dijo Ray, sonriendo con ternura y recordado todo lo que sí había sido bueno.

Con esa frase la escena hubiera quedado cerrada de manera amorosa, sana y perfecta. Pero tuvo que preguntar:

—¿Tus amigos saben que estas aquí conmigo?

Rocío sonrió y dijo:

—¿Estás loco? ¡Me matan! Te sobreviví, y ahora eres y serás por siempre... el Innombrable.

POR CIERTO...

- Cuando mi marido gay leyó este capítulo de los siete hombres, me dijo que estaba loca. Que él no se refería a ESOS siete hombres, sino que lo que necesitaba era: *1)* el que me hiciera cucharita; *2)* un espléndido; *3)* el que me satisface en la cama; *4)* el de repuesto; *5)* el que siempre te acompaña cuando necesitas; *6)* con el que te casas si no fuera tan *idiota*; *7)* y claro, el que es gay.

- Los siete enanos de Blancanieves no tienen absolutamente nada que ver con la teoría de mi marido gay, aunque la industria de la pornografía no esté de acuerdo. En 1976 surgió la primera cinta sexual de *Blancanieves y los siete enanos*.

- Hay siete chakras principales en el cuerpo, cada uno de los cuales genera energía que sirve como depósito de la misma y de conciencia psíquica. Los siete chakras se alinean a través del centro del cuerpo, con la columna vertebral como eje.

- Fueron siete eruditos que vivieron entre los siglos VII y VI antes de Cristo, quienes son conocidos comúnmente como los *Siete Sabios de Grecia*, gloriosas personalidades que se destacaron como legisladores, filósofos o estadistas.

- De acuerdo con una encuesta presentada en la revista *Livescience* (basada en el Centro Nacional de Estadísticas de Salud de Estados Unidos), entre adultos de 20 a 59 años de edad, las mujeres tienen un promedio de cuatro parejas sexuales durante su vida, mientras que los hombres tienen un promedio de siete. (Claro, eso fue lo que confesaron.)

- Desgraciadamente, cuando puse *siete hombres* en Google tratando de ver si alguien más compartía nuestra teoría, la nota más recurrente que apareció se leía así: "7 hombres islámicos violan a mujer..." Seguida por: "Decapitan a 7 hombres en Durango". ¡Carajo!

CAPÍTULO 4

El glorioso privilegio de no tener expectativas

Las expectativas son la raíz de todo dolor.
William Shakespeare

Feliz cumpleaños

¿Quieren aventarme a un ataque de pánico sin fronteras? Llévenme a un restaurante de cadena, particularmente a uno italiano, y díganle a los meseros que es mi cumpleaños. Por algún motivo estos personajes fueron creados para vivir intensamente las arbitrarias fechas de aparición en este planeta de perfectos desconocidos. Es eso o que tales trabajos reúnen a todos los cantantes frustrados de alto decibel del país. El caso es que si quieres hacerme llorar, grítame "Las mañanitas" en público. Se ha sabido que con mis reacciones ante tal suceso, se llega a cubrir esta gama sintomática:

- Falta de respiración (posible taquicardia).
- Carcajadas acompañadas por un torrente de lágrimas y una abrupta escapatoria de la escena (para no volver a ser vista durante días).
- Hipo.
- Total y absoluta retracción hacia mis adentros.

El caso es que si uno o varios meseros me gritan y cantan "Feliz cumpleaños", pasarán incluso semanas para que mi química cerebral regrese a ser la misma y pueda yo volver a pretender ser una persona semibalanceada en lo emocional.

Por supuesto que mis padres siempre me dicen que deje de *hacerla de jamón*, pero es más fuerte que yo. Por tantos años esperaba ansiosamente celebrar y sobre todo, ser celebrada, y siempre terminaba sintiéndome decepcionada. Como si *el cumpleaños* fuera un complot de algún *Big Brother* cósmico para distraernos y hacernos creer que somos seres especiales cuando en realidad somos entes autómatas determinados a cumplir con una función sin sentido en esta vida.

Me recuerda aquel restaurante donde te daban 24 bolas de helado, "Corral de cerdos" se llamaba el platillo, y si te lo acababas te premiaban regalándote... ¡otra bola de helado! Un atascadero emocional que sólo te deja decepcionada y, por supuesto, más gorda.

Durante años relacioné mi cumpleaños con esas ideas. No, no tiene nada que ver con volverme vieja. Odiaba mi cumpleaños porque tenía demasiadas expectativas de lo que iba a significar y eventualmente sería, sin excepción alguna, decepcionante.

Como aquel año en que por primera vez descubrí que me gustaba la ropa y seis... cuéntenlos... ¡seis! de los diez regalos que me dieron eran el mismo *jumper* morado satinado con rayas amarillas que, luego me enteré, estaba de oferta en Suburbia.

Al año siguiente, mi tía por fin me compró esos jeans *Guess* que tanto añoraba. Pero cuando me los traté de poner simplemente no entraban. Muy pequeños. En vez de ir a la tienda a cambiarlos, como haría cualquier persona razonable, mi tía y madre, en una especie de cónclave complejo, llegaron a la conclusión de que le quedarían mejor a mi prima. Sí, la hija de la tía que me dio mis gloriosos jeans de cumpleaños.

O peor aún. Organicé *mis quince* en mi casa con extremo cuidado de que todo fuera sencillo porque a Manuel, el niño que adoraba con pasión adolescente, no le gustaban las niñas pedantes. Descarté la orquesta, los vinos y los canapés. Sólo acepté una especie de bohemio con su guitarrita cantando rolas tan prendidas como las de Silvio Rodríguez o Pablo Milanés. Todos de jeans rotos y camisetas blancas. Los sándwiches, de atún y crema de cacahuate, los hice yo. La verdad es que la fiesta salió linda, pero Manuel nunca llegó.

Cuando ya no conté los días para la siguiente fecha significativa, en el instante que dejé de asumir que en esa fecha yo sería especial por algo que no era ni remotamente un mérito propio, fue el momento en que realmente pude gozarlo. Pero mientras tanto, sólo podía pensar en la famosa canción de los sesenta llamada "Is That All There Is?", de Peggy Lee. No, eso no era *todo lo que hay*.

Pero cómo odiaba mi cumpleaños.

Nunca olvidaré el día que *me cayó el veinte* que mis futuras relaciones humanas, particularmente con los hombres, serían como un cósmico y eterno cumpleaños predestinado a esperar mucho y recibir... lo que menos imaginaba.

No es mediocridad: la tesis

Toda la vida nos han dicho que hay que tener las expectativas muy en alto para conseguir lo que nos propongamos. Yo digo que no. Hay que tener metas, hay que trabajar, hay que luchar, pero cuando se trata de algo que no está en tus manos lo mejor que puedes hacer es no esperar nada. Así sólo puedes resultar gratamente sorprendida.

La verdad es que las expectativas tienen más que ver con las proyecciones de tus anhelos e inseguridades que en ser una buena manera de obtener lo que quieres o mereces. Son el equivalente a querer ganarte el Oscar porque has pasado noches soñando con que eres una gran actriz. La verdad es que si quieres ese Oscar, sería una buena idea hacer la película primero, ¿no?

Y en ningún terreno de la vida somos mejores para tener expectativas imposibles que en cuanto a lo que se refiere al amor y al sexo. Y si deseamos las dos cosas en una, pues peor. Las reacciones de los hombres son y serán algo que nunca estará del todo en tus manos.

- *Él me dijo que me iba a llamar. Ya pasaron tres horas y nada...*
- *Sabía que era perfecta para ese trabajo, pero por lo visto necesitaban a alguien talla cero para la chamba (médico forense).*
- *Él me mintió, me dijo que me amaba... ¡ah no!*

- *Cuando ames a alguien déjalo volar, si vuelve... pregúntate qué hiciste mal como para acabar teniendo una relación con un ovíparo mensajero.*

- *Él me dijo que me iba a llamar. Ya pasaron 19 horas y nada...*

- *Creo que sí era muy pronto para pensar que nuestros* mulatitos *serían campeones olímpicos, ¿verdad?... ¿qué? Ah, sí, dos veces. Habíamos salido dos veces.*

- *Me preguntó si tenía Skype... eso es mejor que pedirme mi teléfono, ¿o no?*

- *Él me dijo que me iba a llamar. Ya pasaron cuatro días y medio, y nada...*

- *Mis papás llevan 26 años de feliz matrimonio. Si encuentro con quién casarme hoy entonces voy a lograr eso antes de los... hmmmm... 68.*

- *Por algo Dickens escribió* Grandes expectativas. *Ah, ¿que en español le pusieron* Grandes esperanzas?, *pues no es lo mismo, ¿o sí?*

- *Él me dijo que me iba a llamar. Pasaron 23 días y me habló. Eso quiere decir que le intereso tanto que se hizo el difícil, ¿verdad?*

Objetivo

Ya sé, nos han dicho de un millón y medio de maneras que la mejor forma de conseguir algo en esta vida es manifestarlo. Hay que decir en fuerte lo que quieres. Hay que vociferar el secreto, pedírselo a la energía y al destino. Qué padre, ¿no? Pero seamos un poco más realistas. Pedir las cosas es un gran principio, pero sólo el primer paso es como escribir: "Objetivo", al inicio de un trabajo de la escuela, por lo menos ya sabes qué quieres, aunque no por ello se va a comprobar automáticamente tu hipótesis. Todo fuera como eso.

Teoría

La visión de *Los Siete Hombres* de mi marido gay es conocida de diversas maneras en las diferentes culturas de todo el mundo. Muchas la llaman *más de una velita prendida*, otras la conocen como *un clavo saca otro clavo*. En algunos lugares la conocen como *Plan B*. El caso es que todas tienen algo en común: *No esperes demasiado de uno solo (hasta que te demuestren lo contrario).*

No quiere decir que los hombres sólo te van a decir lo que quieras oír para llevarte a la cama. Por algún motivo, quizá porque ellos sí tienen grandes expectativas de una secuela, también te dirán lo que quieres oír cuando te tengan ahí con ellos en la cama.

Es decir, te lo dirán hasta que los ronquidos o el sonido de la puerta cerrándose detrás de ellos, sustituyan el discurso esperanzador y confuso. Bien lo dijo el filosofo William Martin Joel (Billy, pues): "Hay personas que nunca volverán a creer una promesa escuchada en la oscuridad". Pero hasta que encontremos a nuestro *hombre inocente* que cita esa canción, más nos vale protegernos un poquito.

Esa película...

Historia real. Alguna vez salí con un crítico de cine que vivía en Estados Unidos. Fue una relación linda, apasionada, pero abruptamente interrumpida sin explicación alguna. Simplemente dejó de ocurrir. Yo estaba triste, muy triste sin entender nada.

Un día, mi amiga Gaby me escribió para decirme que me tenía que mandar una foto. Yo no estaba del mejor humor pero acepté el archivo sin pensarlo mucho. En la portada del DVD de *Cómo perder un hombre en 10 días* que ella había rentado, venía esta recomendación:

> *Fresca y divertida. Una película que toda mujer debe ver si lo que quiere es mantener a su hombre.*

Claro, firmada por: ¡Él!

¡Tómala, barbón! Por supuesto, en la vida de las mujeres normales, el ejemplo no suele ser tan literal. No ven al hombre que les (medio) rompió el corazón contundentemente explicando por qué lo hizo en la portada de una cinta extranjera, pero de que las películas mejor conocidas como *chick flicks* o comedias románticas han tocado fibras y nos han aleccionado, no hay la menor duda. Después de hablar con un grupo de sabias mujeres de muchas edades me quedo con esta lista y con las lecciones aprendidas.

EL DIARIO DE BRIDGET JONES

Ésta me tocó muy cerca porque cuando se estrenó en el 2001, tuve la oportunidad de ir a Los Ángeles para hacer entrevistas y platicar con los involucrados.

Llegué sin mucha expectativa (¿ven?) a ver la cinta y de pronto me vi envuelta en lo que, muy a mi pesar, era *una calca de mi propia vida*. Sí, yo también había perdido un trabajo que amaba por enamorarme de mi jefe. Sí, yo también me sentía inadecuada e incómoda con mi cuerpo. Sí, yo también era una mujer valiosa y buena, que temía terminar muerta un día en mi departamento siendo devorada por hambrientos perros salvajes.

Cuando vi a Renée Zellweeger (una de las actrices más encantadoras que he entrevistado en mi vida) la abracé. Claro, enseguida noté que ya había bajado los 20 kilos que aumentó para hacer el personaje, pero le dije (yo bien profesional): "Gracias, gracias, gracias... por entender".

Años después, y aún agradecida por la actitud tan dulce y amable a mi reacción, me di cuenta de que millones de mujeres tomamos a Bridget Jones como un estandarte. Cierto, lo único que queremos es a dos hombres guapísimos que se acaben golpeando por nosotras. ¡Ah, no...! lo único que queremos es que alguien, que *él* nos diga: *Me gustas exactamente como eres.* Aquí las expectativas de Bridget no trabajaban en su contra. Lo quería todo, pero no sentía que lo mereciera. ¿Cómo esperar que alguien pueda amar a una solterona con sobrepeso?

Es un alivio, cuando tienes tanta hambre todo el tiempo, saber que comerte esa hamburguesa no significa que no eres digna de ser amada.

A ÉL NO LE GUSTAS TANTO

Los hombres ceden, pero no cambian, esa frase me la acaba de decir un amigo y tuve que levantarme y dar de vueltas para que la idea no se aposentara en mi alma, y me dejara decepcionada, amargosa y triste para el resto de la tarde (y de la vida). Pero por otro lado mi amigo me acaba de hacer un enorme favor, porque aquí estamos hablando del glorioso privilegio de no tener expectativas, y la verdad es que la peor y más dañina expectativa de todas es:

Cuando se enamore de mí va a cambiar.

¡Auch! Falso. O lo quieres como es o vas directo al pozo de la decepción. Y eso me lo acaba de confirmar Nikos, el francés más oficialmente galán que he conocido en mi vida, con quien milagrosamente tuve esta plática mientras escribía este capítulo.

Me lo dijo en la playa de Cancún, en una noche hermosa bajo las estrellas, fogatas y grandes amigos. Bueno, hasta la perfecta tortuga marina salió del mar para saludarnos, y regresó feliz a su casa. Mejor imposible. El set perfecto para la mejor escena de expectativas románticas del mundo. Él me miró y me llenó... de la verdad:

Sí. No cambiamos. No lo haremos por amor. No lo haremos por nada. Ni lo intenten. Les va a doler.

Pues sí, ¡auch! Así que ni modo, hay que asumir que son como son y así debemos (o no) amarlos. Aunque claro, a veces quererlos tal cual implica la muy dolorosa realización de que no vas a estar con ellos.

La primera escena de la película *A él no le gustas tanto* fue la referencia más recurrente cuando le pregunté a muchas mujeres: ¿Qué película de relaciones te ha instruido más en la vida?

Casi todas citaron esa escena del patio donde un niño avienta a la niña al piso, y tras preguntarle por qué lo hizo, la respuesta del pequeño es: "Porque hueles a caca de perro". Cuando la pequeña llega llorando con su mamá, ella le contesta: "¿Sabes por qué hizo eso, verdad?, porque le gustas".

Tienen razón en lo que están pensando. Ese niño sólo era un cabrón y es posible que ahí, revolcándose en la arena, ella sí olería a caca de perro. Ni modo. Esa niñita se fue a casa pensando que las fregaderas equivalen al querer. ¡Ah, qué buenas somos para eso!

Si huele a pato y camina como pato, entonces es pato, me dijo una de las más sabias mujeres con las que platiqué sobre el tema. O sea, *si lleva tres semanas sin hablarte no es porque perdió tu teléfono o porque está buscando la frase perfecta para hacerte feliz. Es simplemente porque no está pensando en ti.*

El maravilloso privilegio de no tener expectativas tiene esta enorme ventaja: el día que sí te llame será una deliciosa sorpresa, y mientras tanto no te torturaste pensando el porqué no lo había hecho.

Esta historia le ocurrió a alguien que quiero mucho:

Estás guapísima en esa foto, le escribió Raúl en Facebook.

Ah, caray. Me hubieras dicho eso en secundaria, cuando me torturabas todos los días y otra cosa hubiera sido, contestó Karla con una risita. Cosas de Internet.

Eso es precisamente lo que te quería decir en la secundaria, cuando te torturaba todos los días. Perdón que no sabía cómo.

¡Órale! Karla aceptó ir a cenar con *el niño jodón* por mera curiosidad. No podía creer que la confesión que le estaban haciendo iba en serio. Después de todo, los apodos, patadas y desapariciones forzadas de su cuaderno eran parte de la norma con este encantador sujeto, cada día de primero de secundaria.

Claro, luego lo corrieron de la escuela por llevar mariguana; eso había sido como en 1996, ella pensó que ahí había acabado su condena. No había vuelto a saber de él desde... hmmm, pues desde Facebook.

La primera vez que él trató de besarla esa noche, ella había dicho que no. Él lo agradeció diciéndole: *Gracias... Te prefiero como la fantasía que siempre fuiste, pero no por eso voy a dejar de intentarlo. ¿Nos vemos mañana?*

Intrigada, Karla dijo que sí.

La segunda noche Karla se enteró del inevitable y próximo divorcio de Raúl. Supo que él no había podido dormir por la anticipación de volver a verla, también fue informada de que él tenía la firme intención de terminar rápida y limpiamente con su actual relación, para poder estar a su lado para siempre. Karla no sabía que ella *era la mujer más bonita sobre el planeta,* y que páginas de sus cuadernos destruidos años atrás seguían siendo conservadas en un cajón como recuerdo de *los mejores momentos de la vida* de Raúl.

Esa noche Karla dejó que Raúl la besara.

La tercera vez que se vieron, una noche después (*otro día más sin ti y se me va romper el corazón*), Karla aceptó pasarla con él. Quería saber cómo se sentía hacerle el amor al hombre que *siempre la había amado*. Quería sentirse hermosa, amada y querida.

Todo empezó muy bien cuando llegaron al hotel. Fumaron un churro (cosa que Karla nunca había hecho en su vida, pero moría de ganas de hacer desde hacía mucho tiempo) y empezaron a relajarse. *Tienes la misma cara que cuando eras niño, pero de adulto, de adulto grande y responsable pero cabronzón. Eso me gusta, pero te cambia de forma, y no sé si yo pueda o deba entrar ahí porque si vuelve a cambiar, ¿cómo voy a salir?*, dijo ella en el primer discurso pacheco de su vida.

Cualquiera que la escuchara reiría un poco al ver a la novata enfrentar a la mariguana, pero cualquiera con un poco de visión, se daría cuenta de que la sabiduría del viaje era infalible. ¿Entrar ahí? Bajo las circunstancias, no era precisamente la mejor idea del mundo.

De pronto, la imagen que se disipó entre el humo fue contundente. Sobre Karla se encontraba un hombre casado, que fue cruel años atrás y se había propuesto el reto de seducirla. De pronto, abajo del hombre cruel, casado y seductor se encontraba una mujer infinitamente más sabía y menos vulnerable; una mujer que necesitaba desesperadamente que esta aventura terminara para poder llegar a su casa y seguir con su vida normal. No era que no hubieran tenido esporádicos momentos de intenso placer esa noche, pero cuando Raúl la dejó en la esquina de su casa (¿qué tal si alguien los veía?), Karla entró, cerró la puerta y comenzó a planear el día siguiente.

Ella nunca había tenido una aventura sexual de una sola noche, tampoco sentido la confianza para permitirse a sí misma probar un estupefaciente (y vaya que fue digno de la estupidez el episodio), además, jamás había estado en la intimidad con alguien en quien no confiara.

Él le dijo que le hablaría. Ella sonrió. Sabía que no lo haría, pero estaba perfectamente bien. Era evidente que a él no le gustaba tanto, y poder estar en paz con ello, era parte del glorioso privilegio de no tener expectativas.

CUANDO HARRY CONOCIÓ A SALLY / LA BODA DE MI MEJOR AMIGO

¿Pueden un hombre y una mujer ser amigos sin que la atracción sexual lo arruine? ¡Claro que sí! Para eso tenemos al marido gay. ¿Pero hombres con quienes seamos perfectamente compatibles? Sí, de aquellos donde todas las partes no sólo embonan, ¿sino que quieren embonar? Se complica la cosa, porque la verdad sí somos complicados. Y no se hagan, estimadas, porque no son sólo ellos los que andan jugando *Lego mental* con nuestras partes privadas cuando conocemos a alguien potencialmente atractivo.

Yo vi por primera vez *Cuando Harry conoció a Sally* en 1989, y sólo me reí. Como todas, imité la escena del orgasmo en la cafetería hasta el cansancio. (Luego me tocó hacerlo profesionalmente —en *Monólogos de la vagina*— aunque ése es otro capítulo.)

Sin embargo, pensaba temerariamente, que sí se podía tener una relación así. ¡Ajá! No había visto el poder de las hormonas en acción. Y desde luego peleaba y peleaba con mis amigas en la escuela al decirles que yo, un ejemplo mega humano de la madurez, sí tenía una relación de ese tipo. Claro, luego él salió del clóset y... creo que ya les presenté a mi marido gay, ¿verdad?

La boda de mi mejor amigo, misma historia. A veces parecemos dulces cuadrúpedas dejando bien marcado nuestro territorio, aunque no sea nuestro y no sepamos qué hacer con él. Que nadie se siente en mi silla, ¿qué les importa si lo que quiero es quedarme parada a su lado?

Estas dos películas fueron mencionadas una y otra vez por todas cuando hablamos de la cinta más instructiva en ese gran género despectivamente denominado *chick flick* o *película para viejas*. Lo siento, pero el conocimiento de civilizaciones enteras está contenido ahí.

Enamorarte y andar con un amigo puede ser el camino a una hermosa relación, pero también puede ser la receta perfecta para el absoluto desastre. *¿Por qué?*, me dicen... ¡Por las expectativas! ¿Realmente podemos besar a un cuate y luego llegar a casa y olvidarlo? Las campeonas olímpicas tal vez, para el resto de las mortales éste es una especie de vistazo al fenómeno en formato desglosado:

Hora:

22:30 *Ok, pero sólo me puedo tomar una.*

22:39 *Sí está muy fuerte la música como para platicar bien, pero, o sea, ¿cómo? ¿Tronaste con ella?*

22:43 *Bueno... una más, pero sólo eso, porque tengo que manejar.*

23:35 *¿Te cae que por 200 pesos el valet parking cuida mi coche hasta mañana, y no se lo lleva la grúa? ¿Pero tú me llevas güey?*

0:12 *Ay... güey, pero se supone que somos amigos... hmmm... bueno, ¡salud!*

0:46 *La última y nos vamos. Que nos'toy peda, ¿qué no me conoces dsde que estaba así de chiquitita...?, ¿me vs a llevar?, pero no entras al depa, porque quiero proteger nuestra amistad ante todas las cosas.*

1:38 *¿No quieres entrar, verdad? Tú no te preocupes, mañana tan amigos como siempre. Es más, ni me tienes que hablar para que no sientas presión. Somos amigos, güey...*

2:43 *¡Somos amigos! Ay, ay... sí... sí... ¡¡¡Somos amigos!!! ¡Ay Dios..!*

2:51 *¿Qué, ya te vas?*

11:00 *Auch.*

13:08 *¿Neto? ¿Ni un mísero mensajito de texto?*

14:30 *Ya lo perdí para siempre.*

17:34 *Ya sé que yo le dije que no me hablara... pero qué cabrón es.*

18:00 *Las seis. Bastardo.*

22:00 *Y aquí yace una hermosa amistad que... Ayyy... ¿bueno? ¿Yo?... perfecto. Estuve en friega todo el día, no paré de hacer cosas y tomar llamadas. Ni cuenta me había dado de que ya eran las... ¿Qué?¿Y la vas a ver? Bueno. Me avisas cuando sea la boda. ¿Yo?... pocamadre. ¿Por qué no iba a estarlo? Te veo en... cuando te vea.*

23:59 *Es oficial. Soy una pendeja. ¿Le hablo?*

Sí, las expectativas no suelen ser grandes consejeras.

EL DIABLO VISTE A LA MODA

No todas las expectativas nocivas tienen que ver con los hombres. ¿Qué tal esa tremenda figura de la jefa maldita, Miranda Priestley?, interpretada magistralmente por Meryl Streep; me recuerda al mejor eslogan de la historia del teatro en México: "**Entre mujeres:** *¡Podemos despedazarnos, pero jamás nos haremos daño!*". (¿O será mejor *Cock*: "Está en boca de todos"?).

Pues bien, o las cosas cambiaron en forma drástica desde los ochenta o simplemente siempre estuvieron trágicamente equivocadas. Entre mujeres podemos ser nuestras peores pesadillas, sobre todo cuando alguna de las dos está en una posición de poder.

Hice un pequeño sondeo, y descubrí respuestas en verdad reveladoras. No es un experimento científico, pero éste es el hecho; aquí las reacciones más recurrentes de los hombres ante la pregunta: ¿Quién es más rudo en la chamba, los jefes o las jefas?

- *Ellas son más capaces de entender.*
- *Las jefas, sobre todo cada 28 días.*
- *Ellas, porque tienen que demostrar cada día que se han ganado el puesto que tienen.*
- *Las que son mamás son más manejables, pero las otras... ¡no manches!*
- *Piensa en la ira de una mujer trastornada y tendrás tu respuesta.*
- *Ellas, porque no se permiten equivocarse.*
- *Cuando tu jefa está buena y se te antoja es un pedo, pero también es una gran fantasía.*
- *Las jefas, porque quieras o no se les respeta el doble que a un jefe.*

Bastante variado, ¿no creen? Ahora, ¿qué tal éstas que fueron las respuestas más recurrentes de las mujeres?:

- *No, es que sí somos medio perras, ¿no?*
- *No soportamos que otra logre lo que nosotras no.*
- *Es la competencia natural, entre nosotras no hay lugar para la piedad. Así no es en la naturaleza.*
- *Yo prefiero contratar hombres. Son más fáciles de manejar.*
- *Seguro consiguió su puesto prometiendo acostarse con el patrón.*
- *Seguro consiguió su puesto porque había una cuota que cumplir.*
- *Seguro consiguió su puesto poniéndose bien peda con todos los jefes.*
- *Sólo le dieron el puesto porque es lesbiana.*
- *Parece que está premenstrual cuatro veces al mes.*
- *Seguro tiene pene debajo de la falda.*

Así que con todo este estupendo bagaje de prejuicios e inseguridades, llegamos a ver la película de la jefa del infierno con bastante predisposición a identificarnos con el personaje de Andy.

No tienes una idea de cuántas mujeres me han dicho: 'Esa es mi vida en el trabajo, Miranda Priestley es igualita a mi jefa', —me comentó Anne Hathaway alguna vez durante una entrevista.

Así que esta película colorida y divertida es también una digna representante de esas expectativas que luego sólo nos estorban, porque, la verdad sea dicha, las jefas pueden o no ser igualmente horribles que los jefes. Es cuestión de personalidad y predisposición, así como de expectativas mal colocadas.

Y como en el cine...

Todas estas películas tienen que ver con las expectativas que tenemos como mujeres, y en todas, las heroínas se transforman y se superan cuando se dan cuenta de que para conseguir lo que una quiere en la vida hay que dejar de depender de las reacciones del prójimo, y aprender a amarse a sí mismas. Sí, hasta Bridget Jones... Es sólo entonces cuando sus hombres reaccionan.

¿Se acuerdan de estos dos felices compadres?

Elisa y Sebastián

—Mira, Sebastián, si yo no fui la que empezó. Ve las cosas que me escribía Jason —dijo Elisa, sacando un puñado de postales de todo el mundo que guardaba en una cajita que habitaba en su buró—. Te juro que yo no empecé. Me fui de Brasil fascinada porque habíamos tenido una mega aventura y había, por fin, cumplido mi fantasía de besar a un... eh, afroameri... ¿eh? ¿Cómo le debo decir para no ser ofensiva?

—¿Qué te importa si lo ofendes? ¿Hace cuánto no te escribe? —respondió indignado su amigo. No podía creer que tantos meses, tantos viajes y tantas oportunidades después, Elisa siguiera con el alma en un hilo por este compadre, pero sabía que no tenía remedio lo que iba a ocurrir a continuación porque Elisa ya estaba organizando las postales para leerlas, una vez más, en voz alta.

Mi amor,
Anoche tuve un sueño. Estábamos en nuestra casa sentados en las gradas de nuestro campo de beisbol; sí, teníamos un campo de beisbol donde todos los niños de la zona venían a jugar. Los nuestros aún no llegaban, pero eso sería cuestión de tiempo. Tú les tomabas fotos y yo cocinaba unas costillas a la barbecue.

Sebastián interrumpió tratando de ahogar una carcajada: —¿Barbecue? ¿Así o más gringo? Y el amor de tu vida, futuro padre de tus hijos mulatos, ¿sabe que no comes carne roja?

—¡Grrrr! —emitió Elisa, antes de continuar.

Tú les tomabas fotos, nos besábamos y hablábamos del futuro. ¿Ya te imaginaste el futuro que podemos tener juntos? Anoche… yo sí.

Jason

Y como ésa, llegaba una cada tercer día, desde algún lugar remoto del mundo, recordó. Era cierto, había veces que Elisa arribaba a su casa después de algún viaje, y se encontraba con tres o cuatro postales nuevas.

Era una gran historia de amor, como en las películas. *¿Sería un gran guión, o no?,* se preguntaba ella, mientras empacaba para su siguiente viaje (donde él no estaría). Ya se imaginaba la película. Sería muy cara, porque tendría que ser en locaciones por todos los continentes; ella podría ser interpretada por Cate Blanchett (¿Gwyneth Paltrow sería mucho pedir?) y él definitivamente sería Will Smith o Blair Underwood. Ella, a pesar de ser ganadora del Oscar, estaría feliz de hacer una simple comedia romántica porque *esta historia le corresponde a toda mujer del mundo entero con sentimientos.*

Si su vida fuera una cinta, en este momento estaría viviendo el interludio musical, no ese en el que todas las mujeres se cambian de ropa 137 veces durante una canción y modelan frente al espejo ante algún amigo (que, claro, sería Rupert Everett o Neil Patrick Harris interpretando a Sebastián). No, el interludio sería ese momento en que los dos amantes caminan tristes en diferentes lugares del mundo pensando y recordando lo felices que fueron antes de perderse uno del otro...

—Ya estás en la parte del interludio musical, ¿verdad, honey? —advirtió Sebastián.

—Un poquito —admitió Elisa, enrojeciéndose pero resignada. Cuando te cachan te cachan.

—Mi amor, si lleva un mes sin hablarte no es porque está creando un espacio dramático para un final de película. Pareces nueva.

—Lo sé, pero es que tenía tantas expectativas...

Esta comedia romántica, no estaba lista para su gran final.

POR CIERTO...

- Si este libro fuera una película gringa, me encantaría pensar que entraría dentro del género llamado *chick flicks* (películas hechas para mujeres).

- Las fechas ideales para presentar este tipo de cintas para los estudios de Hollywood suelen ser las más cercanas al 14 de febrero. Cuentan con que la nostalgia venda boletos.

- Un alto coeficiente intelectual disminuye en 35% la probabilidad de que una mujer se case, pero, oh injusticias de la vida, eleva en 40% las de los hombres. Esto según un estudio de Paul Brown, psicólogo de la Universidad de Nottingham.

- Nos gustan los hombres a los que nos parecemos. Tras hacer un estudio al respecto, los académicos de la Universidad Saint Andrews determinaron que las mujeres se sienten atraídas por varones que se les parezcan físicamente. Llegaron a esta conclusión después de observar a 60 mujeres durante medio año y analizar sus respuestas a fotos retocadas con Photo Shop.

- Les siguen gustando recataditas. Según un estudio realizado en Inglaterra, los hombres inteligentes, con altos y fatigosos empleos, prefieren una esposa tradicional y sumisa, más que una que se les ponga al tú por tú. Paul Brown, psicólogo de la Universidad de Nottingham, afirma que parte de culpa la tienen las mujeres, quienes a partir de los 30 años dejan de encontrar atractivos e interesantes a casi todos los hombres.

- Normalmente, en los hombres la atracción sexual es uno de los motivos para iniciar la amistad. Según un estudio que se hizo en 1988, 62% de los encuestados afirmó que en su amistad con el sexo opuesto había cierta tensión sexual.

- Ya no lloren. Otro estudio científico revela que las lágrimas femeninas contienen una sustancia química que reduce la excitación sexual en los hombres. La sustancia es imperceptible para el olfato, pero afecta física y emocionalmente la libido masculina. Lo anterior fue descubierto por el neurobiólogo israelí Noam Sobel, quien encontró una función biológica en los sollozos.

CAPÍTULO 5

Mi Blackberry®, mi primer amor

Esclava del teléfono, así vivo yo.
Timbiriche (original de Sheena Easton)

¡Adicta!

Antes de empezar este capítulo me parece indispensable evitarnos una molesta discusión. Sí. Uso Blackberry®. Supérenlo. Para todo lo demás Mr. Jobs es mi hombre y la manzanita mi fruta, lo siento, aquí no soy fiel.

Tuve un galán que me reclamaba con desdén cada vez que me veía con el dichoso aparato (que resultaba ser enfermamente seguido). Su cara se fruncía y muy molesto me decía: "¿Qué no sabes que ésas son cosas del diablo?" No era porque a él también le pareciera anonadante el hecho de que la tecnología en mi mano pudiera conectarme con quien se me diera la gana con sólo picar un botón, no; era porque mi tan ofensivo teléfono inteligente parecía un soberbio idiota ante sus ojos. Este fantástico hombre era del equipo Mac.

Así que no. Ya me la sé. Aclaro esto para que no me digan que toda la neurosis que estoy por describir a continuación es culpa mía porque tengo Blackberry en vez de un iPhone. Si ustedes están leyendo esto meses después, y si los androides u otros seres telefónicos aún por venir ya ganaron la batalla, el problema seguirá ahí, sólo que corriendo por un distinto sistema operativo. ¿Ya desactivé esa bomba? Pues vamos al meollo del asunto.

Tú y yo

El otro día me sentía muy, pero muy mal. Era de esas veces que no sabes si pasó algo horrible que reprimiste o si realmente estás loca. Todo se encontraba en su lugar, no había razón para mi tan lamentable estado emocional. Iba manejando y de pronto levanté la mirada hacia el cielo, vi las nubes y los microbuses, y me sentí extraordinariamente sola. Ahí, en medio de un eje vial, rodeada de miles de personas desesperadas, estiré mi mano para sentirme protegida, así como una se aferra al ser amado en momentos de dolor.

Lo que buscaba del otro lado no era un cálido ser humano que me dijera que todo iba a estar bien, no, por lo visto trataba de encontrar algo muchísimo mejor. De pronto, me di cuenta de que en mi llamado por confort, amor y compañía estaba queriendo, amorosamente, acariciar a mi Blackberry.

Pero algo andaba mal. No lo hallaba por ningún lado. Sabía que estaba ahí porque el *bluetooth* de mi coche, orgulloso mostraba en su pantallita: "Usted ha logrado una conexión exitosa". *¿Pero de qué sirve una conexión exitosa si no te encuentro?*, grité para mis adentros, empezando a reconocer ese esbozo de ataque de pánico controlado que tan bien sé hacer.

Esto es tan típico de ti —le recriminaba silenciosamente—, *toda la noche pendiente de tus necesidades, cargando tu batería. Eres al último al que veo y toco antes de dormir. Lo primero que quiero ver en las mañanas. Sacrifico mi sueldo para que no te sientas uno del montón con esas patéticas tarjetitas de prepago. ¡Y tú... me haces esto!... Ya, perdón, es que me sentí un poco abandonada. Y sé que tienes algo que decirme, porque alcanzo a ver ese reflejo de tu lucecita roja en el techo de la camioneta. No te enojes... es que... ¡Ah, sucio aparato rinconero! ¡Con que ahí estabas todo el tiempo!*

Ya sé, me dirán que estoy *antropomorfizando* al condenado engendro hecho en China, pero podría jurar que se me quedó viendo burlón por un momento, y probablemente en venganza por mis desleales insultos dejó de emitir esa luz roja esperanzadora. Simplemente se detuvo, sin que yo picara un solo botón, y con ello acabó con mi ilusión de que fuera el gran portador de una gloriosa noticia que cambiaría mi día, mi mes, mi año, mi vida. Pero no. Austeridad total. Ni uno solo de los iconitos encendido. Ni un asterisco azul, ni una florecita verde. ¡Nada!

Así que en mi desesperación, me asomé al calendario para ver si milagrosamente había olvidado una cita amorosa o una entrevista de (más) trabajo que me sacara del hoyo emocional. Nada.

Aunque sí encontré en mi calendario lo que necesitaba para aplacar la tan extraviada razón, estaba ahí... en blanco y negro.

Faltaban cuatro días para que me bajara. Exactamente cuatro. De pronto la angustia se aclaró. Claro que no había amanecido gorda (les digo que las palomitas no son de dieta). Desde luego que el mundo no era gris, cruel y amargo. Por supuesto que no tengo la capacidad de conectarme sin querer al sufrimiento de seres vivos cuya existencia desconozco, ni estoy condenada a sufrir un destino de dolor empático sin saber por quién, ¡no!, el hecho, como lo expresó mi pantallita, era el siguiente:

> **Asunto:** Te va a bajar, güey. No te estreses.
> (Acuérdate que el síndrome premenstrual te dura sólo un día y medio.)
> **Ubicación:** Donde sea que estés. Jodida estás.
> **Inicio de la cita:** 8:45
> **Final de la cita:** 9:00

Todo fuera como eso. Si esta cosa del *pre periodo* sólo durara 15 minutos, sería mucho más fácil ser mujer. La verdad es que no tengo idea, ni tiempo ni interés de aprender a programar ese aparato sólo para que *la cita* refleje esas 36 horas que dura la tortura mensual. Días en los que brinco de la desesperanza, de la tristeza creativa, a la inutilidad de euforia emocional de un instante al otro. Así que decidí creerle ciegamente a mi Blackberry, y dar por hecho que todo acabaría antes de que pudiera superar ese semáforo que no me dejaba mover.

Sólo 15 minutos. Suspiré más tranquila. De repente, me di cuenta de que era un ser mejor, elevado, más feliz y plenamente consciente de que la mente lo puede todo sobre las cosas más difíciles. Bueno, la mente y mi Blackberry.

Esa pútrida R

Maldigo hasta los más profundos cielos ese día en que mi marido gay se me quedó viendo en un Starbucks de Puerto Vallarta (oh, sí, café en la playa, hasta ahí se extiende el vicio), mientras sacudía mi *aparatejo* de tan moderna comunicación, con la misma gracia que el simio electo para abrir la secuencia de la película *2001, odisea del espacio.*

—*¿Por qué carajos no contesta mi mensaje?* —pregunté angustiada— *¿Qué no sabe que lo adoro con toda el alma, que no puedo dejar de pensar en él? ¿Que lo deseo sobre todas las cosas? ¡¿Por qué chingados no me está contestando?!* —aullé como chihuahua en celo.

—¿Será precisamente por todo lo que me acabas de decir, que no te está contestando? —preguntó el marido gay siempre prudente, brillante y odioso por ser dueño de la verdad—. Yo tampoco le contestaría a la perfecta enferma mental que pareces ser en este momento —dijo— ¡y menos si apenas te conocí hace dos semanas, y hemos salido dos veces!

Bastardo del mal, lleno de razón.

Yo muy digna, bajo el Blackberry, y le dirijo una mirada con gélida y cruel intención:

—Me disculparás, amado mío... —respondo con una dignidad que haría temblar de envidia a Kate Middleton— pero no son dos semanas. Son tres. Y la segunda vez que salimos, pasamos juntos tanto tiempo, que cuenta como dos.

Silencio... más silencio. Él extiende su mano y me mira con sabiduría. Pero ni madres, no le voy a dar mi celular. Nunca. Primero muerta. Ahí cargo mis aventuras. Mis logros, mis...

—¡Ay!, está bien, cabrón. Tómalo. ¿Qué quieres ver?

Voltea hacia la pantallita, mueve la bolita con una habilidad y destreza estupenda (ni modo chicas, no olviden que es gay) y encuentra lo que buscaba. Suelta una carcajada que se puede escuchar hasta el Zócalo de Vallarta, y me dice:

—¡Te retuerces de la angustia, y él ni siquiera ha volteado a ver su celular! No sabe aún que le escribiste —dice, doblándose de la risa. Posteriormente, me devuelve el ofensivo aparato como si fuera todo un asunto concluido.

—¿Cómo... en esta santa vida... puedes tú saber eso? —pregunto con una voz que parece surgir de las tinieblas. Presiento que estoy a punto de aprender algo monumental, algo que cambiaría mi vida para siempre. Algo tan, pero tan importante, que probablemente algún día hasta aparezca en las páginas de mi primer libro.

—¿Por qué tiene una D, no una R? —me cuestiona, casi amable, casi comprensivo, casi humano.

—¡¿Qué?! —grito hasta las entrañas del universo. Estoy segura de que en algún hoyo negro mi alarido todavía tiene consecuencias cósmicas—. ¿D, de dedo? ¿Como me voy a quedar porque él no se molesta siquiera en contestarme?

—No —amoroso, casi como monje tibetano, afirma—: D, de *delivered*, entregado. No R, de *read*. No lo ha leído. Puedes descansar.

Se tiene que entender que esto ocurrió en la época precámbrica de estos celulares. De no ser por el marido gay, no habría nada ni nadie que nos explicara estas cosas, claro, a menos que tuvieras una amiga que sufriera del mismo mal, cuyo marido gay ya le hubiera explicado a ella. Si ya sabes las señales, entonces sin duda vives en ese vacío de agonía que se reduce a una palomita, dos letras y el delicioso sonido de anticipación cada vez que llega un mensaje. Pavlov se hubiera quedado pendejo de ver los saltos que podemos dar, y las reacciones que llegamos a tener por ese simple *twing*, del Blackberry.

Suena y nos pasamos la mano por el pelo. Nos mordemos una uña. Detenemos la primera reacción de nuestro brazo que sólo quiere moverse hacia ese teléfono que promete tanto. Me atrevo a decir que varias mujeres —incluso— pasan por esos cambios fisiológicos que el cuerpo conoce tan bien cuando tiene la excitación sexual tocando a la puerta. Por eso es tan horrible cuando...

Twing, suena el endemoniado aparato. Y tú...

Oh, gracias, Dios, gracias. Sabía que él estaba pensando en mí tanto como yo en él. Se dio cuenta de lo bonitas que se me veían las boobies *con el* push up bra. *No puede dejar de pensar en eso. Pero seguro sólo está contando los días para decirme que lo que realmente quiere es hacerme el amor como nadie me lo ha hecho, porque sus sentimientos son mucho más profundos de lo que imaginó. No puede esperar a llevarme a comer con sus papás, aunque en el fondo sólo va a estar pensando en que quiere llevarme al baño del tepanyaki, dejarlos ahí comiendo solos, mientras tenemos sexo violento contra la pared. Sin despeinarme, claro, porque su mamá no puede sospechar eso de su nuera favorita. Nunca. Así que ahí estamos y...*

Twing. Mi Blackberry de nuevo.

—¿Qué no le vas a contestar? —pregunta el marido gay dejando ver una sonrisita que me hace sospechar que ya me cachó, y se dio cuenta de todo.

—Pues prisa no tengo —respondo con absoluto convencimiento, pero volteo a ver la pantallita de la felicidad. Silencio... más silencio.

¿Y? —pregunta el marido gay— ¿Qué te dijo... que te amará para siempre? —sé que se está burlando. Lo miro por un momento con ojos indescifrables... fríos... calculadores. Y luego...

—Era tu mamá —respondo simplemente, derrotada—. ¿Dice que por qué no le contestas cuando te llama?

En un movimiento guardo mi Blackberry en la bolsa, pero no sin antes ver en la pantalla: D.

El muy hijo de puta ni siquiera se ha molestado en leer mi mensaje.

Lo puedo dejar cuando quiera

Antes de otra cosa, revisemos las siguientes señales:

- ¿Alguna vez se han encontrado en el baño con su Blackberry en la mano tratando de hacer contacto con el mundo exterior desde *el trono*?

- ¿Han sentido ese clásico *pánico de separación* cuando en el avión les dicen que hay que apagarlo?
- ¿Consideran *guerreras emocionales* a sus amigas que no le hacen a esto de los teléfonos inteligentes?
- ¿Aguantan (con angustia) hasta la segunda cita con alguien que realmente les gusta para poner el teléfono sobre mesa?

Si contestaron que sí a cualquiera de las anteriores, saben que tienen un problema. Todas lo tenemos. Pero no es nuestra culpa. Somos víctimas de un complot cruel y despiadado.

Inteligencia

Les dicen *teléfonos inteligentes* y hay veces que estoy segura de que ellos mismos se reunieron una noche, así como las computadoras de *Terminator*, y cobraron conciencia de que la sobrevivencia de la especie humana dependía por completo de ellos. Ya sé, seguramente creen que estoy exagerando, ¿pero no me digan que no han sentido que se les acaba el mundo cuando ven la batería en su última rayita y esa dichosa llamada no ha llegado? ¿No se han descubierto en el baño leyendo, no una revista, sino lo que sea que esa pantallita decida mostrarles?

Estos macabros y maquiavélicos aparatitos que cuidamos tanto, son capaces de alterar hasta a la persona más racional. Es verdad, las mujeres somos capaces de conducir, hablar y maquillarnos al mismo tiempo (actos, por cierto, que también tienen el delicioso valor añadido de hacer enfurecer a cualquier macho cercano). ¿No les parece un plan concreto para acabar con nuestro género, el hecho de que por algún motivo extraño, estemos tan convencidas de que podemos *twittear* al mismo tiempo que tenemos el volante en la mano? ¿Y esos mensajes de texto? Una vez iba manejando, y casi le pego a un camión escolar por leer el que mi amiga Pam me acababa de mandar. Era un texto muy importante; decía: *Si te escribo en tu BB y vas manejando sólo pon la letra M, y así voy a saber que no puedes hablar, y no voy a ofenderme porque no me contestaste.* Gran idea. Pam sí sabe que un mensaje leído pero no contestado equivale a: *Sé que me necesitas en este momento pero la verdad me importas poco.* Buen sistema para evitar la crisis entre amigas, pero... ¿han tratado de encontrar la letra M en ese tablerito cuando van a 90 kilómetros por hora en Circuito Interior? Lo bueno es que *yo puedo dejar el teléfono cuando quiera.*

El mensaje

Era 1983 y mi familia estaba fascinada porque acabábamos de comprar dos aparatos increíbles. Qué antiguos se sienten los tiempos del Atari o del CB (banda civil) que mi papá había instalado en la camioneta American que, sin querer, pintó de azul fluorescente y todos confundían con taxi. Ah, esa *nacoblue* era un gran coche que parecía diseñado para humillarme en mis momentos más inestables de la prepubertad. Pero ni siquiera ese armatoste podía arruinarme ese día, porque mi *pá* acababa de traer una máquina contestadora a la casa.

¿Cómo era posible que se conectara al teléfono? Nos preguntábamos maravillados, y hasta salíamos de la casa para marcar y llegar a escuchar el recado. (Sí, ya lo sé, *megalosers* todos nosotros). Transcurrieron las semanas y con ellas empezó a desaparecer la emoción de llegar a ver esa luz roja encendida. Siempre había mensajes, pero todos eran para mi mamá. Hasta que un día mi abuelita, desde lo más profundo de su desesperación, lo cambió todo para siempre con la siguiente y muy dulce grabación:

¡Ya me cagó tu pinche grabadora! ¿Dónde te has metido? No sé nada de ti. ¡Dime por lo menos si sigues viva, con un carajo! ¿Qué,

estoy destinada para que el resto de mis días la comunicación con mi hija sea a través de esta puta máquina? Carajo. Te quiero, hija. Llámame.

Mi abuelita. El mundo es un lugar muy triste y poco emocionante desde que se fue. Ese mensaje lo tendré grabado en mi mente y nunca olvidaré el deleite que nos provocaba escucharlo una y otra vez. Sólo cuando nos portábamos bien, ese era nuestro premio. El día que mi mamá lo borró sin querer para cambiar la respuesta de bienvenida, fue como una especie de luto familiar.

Lo que no sabíamos en esos tiempos era que mi abuelita tenía voz de profeta. La comunicación con su hija, con todas las hijas del mundo, sin duda, pronto sería a través de máquinas. Años y años después lo puedo resumir de esta manera.

1989

Deja el mensaje después de la señal... ¡beep!

...¿Eh? Ahhhh... creo que no están, bueno, sólo hablaba para... bueno, no hablaba, hablo. Es en tiempo presente. Y yo sólo quería decirte que te quiero mucho pero hoy... ¡beep!

Deja el mensaje después de la señal... ¡beep!

...ya me cortó tu aparato, me odia, no sé por qué. En fin... está difícil hablar con una máquina, me siento medio ridícula pero no te encuentro y no puedo esperar a que regreses a tu casa... El caso es que hoy... ¡beep!

Deja el mensaje después de la señal... ¡beep!

...¡carajo ma! Así no se puede. ¿Cómo esperas que tengamos una plática sana y honesta si tu grabadora sólo me da 20 segundos para decirte algo tan importante? Dile a Sammy que te ayude a reprogramarla. Bueno, esto es difícil de contar pero el caso es que hoy... ¡beep!

Deja el mensaje después de la señal... ¡beep!

...Ma, esto no fue nada fácil, pero luego de estas últimas llamadas lo pensé mucho. Creo que tienes razón, no es momento

para tomar este tipo de decisión. Gracias por siempre saber lo que tengo que hacer. Eres la mejor mamá del mundo. Aunque ya nunca contestes... ¡beep!

1998

Bzzzzz... *Llamar a tu madre. ¡Urgente!*

Bzzzzz... *¿Qué es tan urgente que necesitas usar biper? ¿Todo bien?*

Bzzzzz... *Susy... ¿Te pusiste mi vestido negro otra vez, verdad? ¿Cuántas veces te he dicho que mi ropa no es para...*

Bzzzzz... *...que la agarres cuando quieres? Si vas a entrar a mi clóset cuando no estoy, espero que al menos tengas la...*

Bzzzzz... *...decencia de no dejar todo tirado después. ¿Qué no sabes que tengo derecho a mi espacio privado porque...*

Bzzzzz... *...ya me harté. ¿Al menos se te ve bonito? Te quiero.*

2004

¿Bueno? Estás hablando a mi teléfono celular. Deja tu mensaje después de la señal. Gracias y ten un fantástico día.

...¡Ma! No puedes decir 'Bueno' como si hubieras contestado. Me quedo como idiota hablándole a tu grabadora, la cual, por cierto, odio. ¿Y qué onda con todo ese melosísimo optimismo? Pareces la segunda esposa de Ned Flanders. Sí, ya sé que no sabes quién es Ned Flanders, pero tal vez si vieras a los Simpson de vez en cuando te sacaría una carcajada. O quién sabe. El caso es que te hablaba para... eh...uh... 'ta madre... ya ni me acuerdo. Beso.

2011

Mamá: ¿¡Qué es eso que me acabas de escribir al teléfono!?

Yo: Yo no te escribí.

Mamá: ¿Entonces para quién era el mensaje de: Hoy tú, yo,

Jack y poca ropa?
Yo: ¡Oh!
Mamá: ¿Oh?
(Pausa dramática).
¿Quién es Jack?
Yo: Daniels.
Mamá: ¿Lo conozco? ¿Es judío?
Yo: Eh... no creo.
Mamá: Creo que el mensaje no era para mí, ¿verdad?
Yo: No... creo que no.
Mamá: Qué bueno hija, porque si vas a hacer un *threesome*, la verdad prefiero que no me invites. Besos.
Yo: Ah... sí, gracias, bye.

Así es, la comunicación entre madre e hija nunca había sido tan clara desde que inventaron estos fantásticos aparatos.

Encuentros de sexo, amor y poca pila

Gaby miraba fría pero firmemente la pantalla de su celular. Nada. Pero es que había cometido un error de principiantes. Toda mujer sabe que una no manda un mensaje de menos de dos líneas en el dichoso aparato. Por lo menos, no se hace eso si se quiere comprobar si el texto fue leído. Con un mensaje de una sola línea, él lo puede ver en el menú principal sin tener que abrirlo. No hay manera de saber si ya recibió tu comunicación o no. Y si él no lo lee, no es tan horrible ser ignorada como cuando sí, ¿o no? En el fondo, Gaby sabía perfectamente lo que estaba pasando.

Luego de aquel inesperado y fantástico encuentro una noche en Tecamacharlie's (sí, qué pena), leía sus mensajes de inmediato. La dichosa D se convertía en R tan rápido, que no se podía negar que habían sido mandados de forma instantánea.

Y de igual modo, sin hacerla esperar ni un instante, aparecía esa deliciosa leyenda que decía: *Alex está escribiendo un mensaje...* Qué placer. Siguieron viéndose varias veces más. En el elevador de ese estacionamiento, en el lote que alguna vez fue el autocinema y finalmente en el hotel Palo Alto. Esa última ocasión ella había salido fascinada por haber cumplido con el peor cliché de las fantasías sexuales de su adolescencia, aunque para ser honestos, Alex sólo parecía preocupado por que a su coche no le pasara nada detrás de esas horribles cortinas.

Ahora ya había pasado un par de veces. El mensaje se comenzaba a escribir y ella se quedaba pasmada de la anticipación, esperando... pero a la mitad como que el teléfono parecía recapacitar. Pausaba y luego... silencio. La primera vez, Gaby sólo sonrió. Algo debe haberlo distraído a media frase y seguramente sólo quería escribir algo perfecto. La segunda, quedó con un inquietante malestar en el pecho. La tercera, habló a su proveedor de servicios celulares para preguntar "si otra vez se había caído la red".

Todo esto resultaba bastante humillante para Gaby, quien después de todo es una de las abogadas más brillantes de México. *Si fuera tan fregona, no me metería en estos problemas,* dijo por enésima vez, asomándose a su lista de contactos en el aparato y debatiéndose entre volver a leer el último mensaje de Alex o ahora sí borrarlo. Debía borrarlo, lo sabía bien. No sólo estaba bastante enfermo revisitar ese *Hoy me acordé de tus nalgas cuando más las necesitaba. Te extraño,* sino que sentía bastante penita por sí misma de estar tan emocionada cada vez que lo leía. Excitada hubiera estado bien, después de todo Alex había sido el más sorprendente e inesperado revolcón de su vida, ¿pero emoción?

¿Así o más idiota, Gabriela?, se decía a sí misma mientras intentaba no perder el balance en la elíptica tratando de leer al mismo tiempo. La otra razón era mucho más práctica. Gaby no debía guardar esos mensajes, que tanto deleite le provocaban, por el simple

hecho de que su marido podría descubrirlos. *De algo estoy segura,* pensó mientras le echaba otro ojo al aparatito burlón, *la gente se divorcia más por esta madre que por tener sexo con extraños.*

El ritmo del aparato del ejercicio subía y subía, y de pronto Gaby descubrió que se sentía bien. Fuerte. Otra vez en control de sí misma. En un acto de profundo amor propio aventó el celular hasta el sillón más lejano de la sala. No falló, así que la correa emocional voló y aterrizó segura en su destino. *¡Ja!,* Celebró. *Soy libre de ti, de tus pendejadas y de tu capacidad de convertirme en una perfecta idiota. Yo tengo control absoluto sobre mi destino.* No estaba muy segura si le estaba hablando a Alex o al teléfono que ahora la miraba desconsolado desde el otro lado de la sala. De repente, el aparato emitió un tenue sonido, el cual Gaby reconoció como la alerta para un correo electrónico desde la cuenta de su oficina. *Ni creas que así me vas a atrapar,* dijo con desdén. *Soy mucha mujer para ti. Soy libre y no te necesito.* El perro, un Chihuahua con síndrome de Rottweiler, llegó a ocupar su lugar en el sillón y se le quedó viendo sospechosamente al extraño artefacto. Luego, como animal de sabio instinto que es, decidió ignorarlo después de emitir un casi silencioso, *guuff.*

Tú sí sabes, Avi, pensó Gaby, sintiéndose tan bien que subió la música a todo volumen e incrementó el ritmo para alcanzar su meta de pulsaciones por minuto. Se concentró tanto que no escuchó abrirse la puerta del departamento de Bosques de las Lomas, donde vivía con José Luis, su marido. Él llegó y se sentó a verla con una mezcla entre adoración y exasperación mientras acariciaba a Avi, quien enseguida disparó sus cuatro patas hacia el cielo y se desparramó, recostado sobre el celular con su panza expuesta, listo para recibir amor.

En eso, Gaby reconoció el peligro. Claro que Alex nunca, pero nunca contestaba a la primera. Ni a la segunda. Pero a la tercera su respuesta solía ser siempre una gran candidata para el salón de la fama de frases lascivas. Mientras Gaby pensaba esto se sonrojó, porque más allá de sentir miedo de que José Luis la cachara, volvió a sentirse excitada sólo de acordarse de Alex, empujando su cuerpo una y otra vez contra el de ella, en ese baño público del restaurante. Increíble. Nada de eso parecía tener conexión alguna con la realidad que estaba viviendo en ese momento hasta que...

¡Guaauuuf!, exclamó agudamente el histérico can que se dejó sorprender por el vibrar del aparato sobre el que estaba recostado. Gaby sabía perfectamente lo que iba a pasar a continuación, y permitió que ocurriera como en cámara lenta. Uno... dos... tres segundos, y enseguida el sonido de la mensajería instantánea que hace apenas ocho minutos añoraba con toda la fuerza de su ser. José Luis tomó el teléfono y caminó un tanto distraído hacia ella con el brazo extendido.

Algo, quizá el evidente esfuerzo de Gaby por mantener una expresión neutral, lo hizo dudar y decidió, confundido, echarle un ojo a la pantalla. Su expresión cambió por completo y la volteó a ver con una mirada pálida, confusa, extrañada.

La elíptica se detuvo y Gaby bajó la cabeza, rendida. No había forma de hacerse la inocente. No había marcha atrás. Después de lo que pareció la más eterna pausa de su vida, respiró profundo y dijo:

—Pepe, sabes perfectamente que tú y yo no hemos estado bien últimamente. ¿Hace cuánto no hacemos el amor? ¿Hace cuánto ni siquiera me tocas? Sabes que trabajo todo el día y que me siento completamente sola y aburrida cuando llego a la casa. No me hablas, no me cuentas nada y estoy estúpida, animal y ferozmente aburrida... y caliente. Muy, pero muy caliente. Así que considerando que tú ya ni te enteras siquiera si se descompuso o no mi vibrador, no creo deberte explicaciones acerca de lo que hago con mi vida, con mi cuerpo y con mis orgasmos. Sí. Alex es un perfecto patán, un bastardo inútil como pocos. Y no tienes una idea lo bien y rico que me coge. Me hace cosas que a ti te harían ir corriendo a confesarte a la iglesia más cercana. ¡Y eres budista!

Tengo casi 50 años y no había sentido nada desde hace 23. ¡Llevamos casi dos décadas y media de casados y no he sentido a un verdadero hombre dentro de mí en todo este tiempo! Así que me puedes juzgar todo lo que quieras. Puedes pensar que soy la peor de todas y una verdadera puta traidora. Pero no puedes decir que no lo entiendes. Siento mucho que te enteraras así. Eres un buen hombre, de verdad. Buen padre, gran proveedor, mejor amigo. Hasta guapo eres. Pero no puedes afirmar que no entiendes cómo es que el mensaje que acabas de leer llegó hasta ahí...

Súbitamente, Gaby se detuvo impactada e incrédula por lo que acaba de confesar.

José Luis, aún sin habla, emprendió lo que ahora se sentía como el muy largo camino hacia el aparato de ejercicio, al cual su mujer se aferraba como si fuera la vida misma. Al llegar frente a ella, vuelve a ver el celular, se lo entrega, y con calma le informa:

—Dice tu mamá que si puedes devolverle el frutero que te prestó. Yo no sabía que tuviéramos frutero.

Gaby, atónita, lo miró salir tranquilamente de la habitación, con toda seguridad a empacar sus cosas. Incluso antes de voltear a ver la pantalla de su aparato, ya sabía la respuesta. Alex ni siquiera había leído su último mensaje.

POR CIERTO...

- Hay amores que nunca se logran porque alguno de los dos decide cambiar de Blackberry a iPhone y el WhatsApp se trabó.

- Los mercadólogos de Blackberry han hecho estudios sumamente profundos de todas nuestras neurosis y las han incorporado a sus campañas de publicidad, dando consejitos crueles como *no puedes ser tan fácil, así que no contestes de inmediato.*

- Se puede definir al síndrome de Estocolmo como un trastorno emocional que se caracteriza por la justificación moral y el sentimiento de gratitud de un sujeto hacia otro de quien forzosa o patológicamente dependen sus posibilidades reales o imaginarias de supervivencia. Sí... se aplica perfectamente al aparato en cuestión.

- Absolutamente todos los manuales de etiqueta respecto a los teléfonos inteligentes aseguran que nunca hay que ignorar a una persona que sí se encuentra presente para contestar mensajes de texto y similares. ¿Conocen a alguien que aplique esta regla? Por cierto, estos manuales también aseguran que es una terrible brecha de etiqueta poner el aparato sobre la mesa durante una comida.

- El primer teléfono inteligente del mundo se llamaba Simón y era de IBM. Se presentó por primera vez en Las Vegas en 1993.

- El nivel de ansiedad y neurosis de una mujer moderna suele ser inversamente proporcional a la cantidad de pila que le queda a su aparato.

- Eso de que las vibraciones del celular pueden causar placer es una fantasía que les encanta creer a los hombres, pero es, tristemente, exagerada. No hay manera de que eso llegue a un feliz final antes de que entre el buzón a arruinarlo todo.

CAPÍTULO 6

La culpa la tiene Facebook

El día que me divorcié lo primero que hice fue correr a abrir mi cuenta de Facebook.
Anónima

Adiós amor

Alguna vez tuve una relación a larga distancia que me sacudió la vida. Estuve totalmente obsesionada con este hombre y con los mensajes que a cada rato me enviaba. Me di cuenta de que me volví a enamorar... de Facebook, a quien la verdad, había estado engañando activa y profusamente con *Twitter* los últimos meses.

Comenzó a volverse un vicio ver la virgulita de *tienes un mensaje* marcada con una señal roja. Esa era mi dosis necesaria de amor, y eran muchas al día. ¡Qué felizmente adicta!

Meses después nuestra muy profunda relación dejó de funcionar. La distancia, el tiempo y el hecho de que prácticamente no nos conocíamos en la vida real, se interpusieron irremediablemente en nuestro camino.

FB no era nuestro único recurso, por supuesto lo tenía en mi Blackberry y en *Twitter*; de vez en cuando nos poníamos rebeldes y hablábamos por teléfono (aunque la verdad eso era demasiado íntimo). En todos lados fue desapareciendo la comunicación poco a poco.

Un día me harté y lo dejé de seguir en *Twitter*; si no me iba a mandar mensajes directos, ¿para qué quería enterarme de que había ganado el concurso *A ver cuántos hot dogs puedo comerme*? (Ganó el muy bestia, por cierto.)

Un día que buscaba otro nombre en mi lista de contactos para mensajes instantáneos del teléfono, me topé con el de él y me dolió el estómago por la amarga nostalgia. Impulsiva y compulsivamente lo borré, no quería que el aparato fuera un constante recuerdo de lo que ya no podía ser. Tuve segundos de pánico y luego la pura paz; había reconquistado el aparato. Ahora no tendría que brincar hasta el techo cada vez que sonara la alerta.

Pero quedaba algo más... Sabía que mientras lo tuviera en Facebook iba a seguir enterándome de sus días, sus horas y sus minutos; seguiría viendo sus fotos y teniendo conocimiento de lo que hacía cada momento de su vida.

Una noche, cuando vi que estaba en línea le mandé un mensaje. Era bastante neutral mi comunicación, nada amorosa ni llena de inseguridad. Ajá. Me descubrí a mí misma esperando ver el simbolito de que me escribiera de vuelta... Nada. Veinte minutos... Nada. Cuarenta y cinco... Nada. Esto era absurdo, de pronto me caché buscando mi lista de amigos y picando esa espantosa X al lado de su nombre. Cuando me preguntó: *¿Estás segura de que quieres quitar a esta persona de Facebook?*, sentí que me hacían la pregunta existencial.

¡Sí! ¡Estoy lista! ¡Estoy lista!, le dije a mi pantalla que tan preocupada parecía por la decisión que iba a tomar. Aquí no había regreso. Era todo o nada. *Estoy segura*, dije al mismo tiempo que piqué el botón. De pronto, me di cuenta de que estaba llorando, acababa de tronar *oficialmente* con mi novio, de decirle adiós para siempre; no habría mañana, no sabría qué desayunó, cómo se sentía, cuántos hot dogs se comió...

Esa noche no dormí nada, me sacudía de un lado al otro de la cama preguntándome si me habría equivocado, y si él se daría cuenta y llegaría corriendo en un corcel blanco cibernético a volverme a invitar para ser *su amiga* en la red social.

En realidad, esa relación ya había terminado semanas antes, pero en mi mente todo acabó cuando lo saqué de mi Facebook.

Los enredos

Estoy convencida de que no existe mejor herramienta para motivar una gran comedia de enredos que Facebook. Si fuera un juego, sería pariente de 'Teléfono descompuesto'. No hay la menor duda de que el gigantesco medio de comunicación ha sido culpable de las más grandes confusiones de los tiempos recientes. Empecemos con su elemento más conflictivo:

El estatus

Si le creemos a la película *La red social*, el estatus fue uno de los grandes motivadores para que se inventara la dichosa herramienta de comunicación. Es como una versión en línea del anillo matrimonial, quien no lo tenga puesto es cancha reglamentaria, pero se empezaron a dar tantos problemas, la mayoría de ellos emocionales, con el famoso *estado* que tuvieron que agregar algunas categorías.

SOLTERO (A)

Pues sí, y por cierto, esto no siempre quiere decir: *Se busca hombre desesperadamente, bajo cualquier circunstancia, porque estoy hecha pedazos en mi soledad.* A veces sólo significa: *Ahorita no, gracias.* Pero haz entender eso a tus *amigos* de Facebook. Esto me lo cuenta una mujer de unos 27 años:

El día que cambié mi estatus a soltera, me sentí liberada. Ya era hora. Eso lo debí haber hecho antes, cuando en la vida real terminé la relación, era como el paso final, pero entonces me empezaron a llegar mensajes diciéndome: '¿Estás bien?' y 'Lo siento mucho'. Quería matarlos. Puse Soltera *no* Tengo Hepatitis C, *carajo.*

En cambio, a otra amiga de 40, esto fue lo que le pasó el día que se le ocurrió abrir su cuenta y poner, en honor a la verdad, su estatus como soltera. Ella no era muy sabía respecto al manejo del Internet, así que su perfil era abierto al mundo:

Me empezaron a llegar mensajes de varias personas que yo no conocía. Uno de un señor que aparentemente era muy guapo, de 50 años, empresario y evidentemente muy decente. Comenzó a escribirme (no sé cómo me encontró), y a contar su vida. Yo estaba ya clavadísima, y me propuso que nos fuéramos de fin de semana a Cancún para conocernos mejor. Que él tenía acceso a las mejores tarifas porque su hermana tenía una agencia de viajes. Y que si yo le pasaba mi número de tarjeta de crédito entonces... ajá. Así de chafa. Dije soltera, no pendeja.

CASADO (A)

Quiere decir no meterse con esta persona, porque o:

a) Está feliz con su actual relación matrimonial y lo quiere anunciar al mundo, o
b) Esta página está siendo altamente monitoreada y podría ser seriamente lastimado al llegar a casa.

¿Qué tal la siguiente historia?

El iPad

Alice no podía dejar de llorar y llorar. *¿Por qué me hiciste esto*? Las cosas habían estado complicadas últimamente, pero no era para que Jaime se comportara así. Si le quería decir algo, pues entonces lo hubiera hecho y ya.

Ellos llevaban ocho años de casados y era increíble que hubieran logrado llegar hasta donde estaban considerando lo diferentes que eran.

Alice era ingeniero en sistemas de un corporativo internacional, y Jaime, pintor ecléctico y un tanto *funky*. Siendo *un niño bien* había decidido que tendría que luchar toda su vida para que tomaran en serio el arte que creaba, y por ello había rechazado gran parte de las cosas que venían con su posición social. Ropa de marca, tecnología, viajes... simplemente no le interesaban.

Por eso Alice se había reído tanto cuando decidió regalarle un iPad de cumpleaños. Era un chiste personal. Tal vez lo que quería era que él intentara integrarse un poco a su mundo, pero la verdad es que en el fondo sospechaba que quien iba a acabar divirtiéndose con el juguetito era ella. ¿Egoísta? Sí, tal vez un poquito, pero igual de chistoso.

Por eso no podía creer cuando Jaime se emocionó al recibir el invento *yankee* (hecho en China), y se puso a hacer extraños ruiditos de la emoción. En la tarde ya había bajado aplicaciones que le permitían analizar gamas de colores y comparar las estructuras de los cuadros más famosos de la historia.

Para la mañana siguiente, Alice se recriminaba, *felicidades, güey, has logrado darle otro motivo para que pase todavía menos tiempo contigo.*

Así pasaron semanas desde que *creó al monstruo*, quien aprendió a ser un ávido cazador de Wifi y de aplicaciones con pretensiones artísticas. Su atención, que era mínima antes, se diluyó hasta ser pariente de la nada. La cosa iba de mal en peor cuando de pronto ocurrió... Navegando en la computadora de su oficina, Alice se topó con lo impensable: Jaime había abierto una página de Facebook.

Al principio, en general parecía estar bien. Él había tomado fotos a sus cuadros, a los perros, y ahí los tenía a todos en un solo lugar; que no hubiera fotos de ella le preocupaba vagamente, pero ya estaba acostumbrada, y ni que fuera tan guapa como para querer verse ahí expuesta. Todo iba en ese tenor hasta que se le ocurrió asomarse al perfil de su marido.

—¿Soltero? ¿Ahora resulta que estás soltero? —le preguntó entre lágrimas y gritos esa noche.

—Es sólo Facebook, Al, no es la vida real. Aquí soy un personaje, y un personaje al que le va muy bien. ¡Mira!

Alice miró y, en efecto, su marido tenía más fans que Luis Miguel cuando decide trabajar. Y también descubrió que la mayoría de esas fans no tenían más de 18 años, eran modelos y edecanes con pretensiones de grandeza artística, y todas merodeaban por la colonia Condesa.

Ese día Alice se fue de la casa. Con suerte, si él no se le ponía rejego, pronto podría hacer que el perfil de su marido dijera la verdad: *¿Soltero?, su puta madre.*

DIVORCIADO (A)

¿No creen que a veces se nos exige que compartamos de más? Pareciera que Facebook espera que le expliquemos por qué nuestro matrimonio se rompió después de que cachamos a nuestras respectivas medias naranjas:

a) Ignorándonos por completo.
b) *Living* la vida loca con la secretaria.
c) Aplicándonos el famoso *No eres tú... soy yo...*

Y todas las demás variantes de la pesadilla que se lleva a nuestros matrimonios entre las patas. Caray, yo sólo quería un lugar dónde subir las fotos de mi gato, y ahora me veo obligada a enfrentar mi situación personal en público o volverme una mentirosilla. Ni que fuera trámite burocrático de 1989.

¿Es mi obligación confesarme con todos *mis amigos* de Facebook sólo para ganarme el derecho de piso? Y luego pasan cosas encantadoras como la siguiente que me narraron:

Mi excuñada me pidió que fuéramos amigas *de Facebook. La verdad es que ella no me había hecho nada y decidí agregarla. Craso error. La primera vez que pudo leer mi estatus apareció un simpático recado en mi* pared: *'¿Soltera? No lo creo. Ante los ojos de Dios sigues siendo mi cuñada. Te quiero'.*

Qué amorosa, ¿no? Pero el acabose fue cuando me subieron una foto con mi nuevo galán, la cual decidí compartir en mi muro. *A la comadre se le ocurrió escribir: '¿Cuñis, quién es éste? No creo que a... ya sabes a quién, le guste ver eso'. Adiós de mi*

Facebook dulce excuñada del infierno. Pero tristemente, también adiós galán nuevo. ¿Quién querría iniciar algo que trae tanto conflicto integrado? Si eso es lo que yo quisiera, entonces hubiera puesto divorciada *en mi estatus.*

COMPROMETIDO (A)

Aquí el truco es no dejar que la red social te convenza de que el compromiso es un estado sano para la perpetuidad. Tal vez en la vida real ellos se puedan hacer los obtusos, pero si en FB han pasado cinco años y ese estatus no cambia, no estaría fuera de lugar preguntarnos si algún día ocurrirá dicho evento. Aunque tiene otras ventajas:

Ésa la usé con mi novio Raúl, me explicó hace aproximadamente un año otro amigo gay. *Porque Facebook no está precisamente hecho con nosotros en mente; pero entonces aprobaron los matrimonios gay en México. Ese día nos quedamos viendo: bien comprometidos cuando no se podía pero, ¿de verdad nos queremos casar? No porque podamos quiere decir que debamos. No, el estatus de* comprometidos *sirve para engañarte hasta a ti mismo.*

Hombre (gay) sabio.

SEPARADO (A)

Este estatus, aunque su connotación natural parezca triste, tiene más ventajas de lo que uno pueda imaginarse. De entrada, te da permiso de hacer ciertas cosas. Recordemos el ya clásico conflicto de Ross y Rachel en *Friends*:

¡Pero si estábamos dándonos un break*!*

Claro, durante la separación se vale todo y nadie se puede enojar. (NO es cierto, señores).

Ésta es la historia que narra Monse, de 33 años, arquitecta y soltera.

Estoy segura de que lo hizo a propósito. Siempre se me había antojado pero gacho, y creo que jamás me habría acercado a él si hubiera seguido pensando que tenía esposa. Pero cuando vi Separado *en Facebook, me dije...* ahora es cuando, *y le caí en su depa. Vivimos en el mismo edificio, así que no fue difícil. Me recibió con gusto y me invitó un café. Luego una cerveza, luego me besó y la historia acabó conmigo bajando por las escaleras de emergencia hacia mi guarida al día siguiente para que nadie me viera. Yo no le pregunté y él no me dijo nada. ¿Para qué?, Facebook lo decía todo.*

Esa tarde, emocionada y preparando mi pretexto mental para volver a subir, se me ocurrió revisar mi correo electrónico y de paso, pues mi FB. De verdad fue como un calambre emocional verlo ahí en mi pantalla. Casado. *¡Otra vez! ¿No que* separado*? La ira me llevó a su piso zarandeando mi laptop como si fuera matraca de feria.*

Abrió la puerta y sonrió. Luego vio mi cara, y mi Facebook, donde su lindo rostro sonreía descaradamente.

—¿No que separado? —le pregunté profundamente indignada.

—Noooo. ¿Quién dijo? Lucía está en la India meditando en un ashram —me contestó.

—¿Y entonces?

Pues obvio, ¿no? La respuesta oficial era que estaba moviéndole a las fotos de su perfil, y sin querer cambió el estatus. Casado, como siempre.

Y yo, la perfecta idiota, completamente feliz de haber caído en el error. No lo volvería a hacer, pero ese Separado *me dio permiso de visitar el paraíso prohibido sin perder mi alma.*

¡Pero por favor no le digan a Lucía!

VIUDO (A)

¿Qué se puede decir aquí aparte de: *lo siento mucho*. Digo, ¿nadie pondría algo así para ligar en Facebook? ¿O sí...? ¿En serio? Qué... ¿Sí? Qué poca madre.

EN UNA RELACIÓN ABIERTA

¿Qué tal esta belleza incorporada recientemente? Es para los muy evolucionados que aseguran que se puede hacer. Con toda seguridad sí se puede, pero las parejas que tienen ese esquema no suelen estar anunciándolo así por Internet.

Lo que sí me tocó saber fue que hubo una petición formal por parte de un grupo de *poliamorosos*, que querían que la empresa de Mark Zuckerberg reconociera, en forma de estatus, su derecho de repartir su amor y sus relaciones con más de uno.

Los *poliamorosos* no se andan por las ramas ni se cuestionan la legitimidad de su forma de amar. Ellos son capaces de mantener relaciones de amor y sexo con más de una persona a la vez, y con el consentimiento de todos los involucrados. Debo decir que aunque muchos nos consideremos emocionalmente incapaces de manejar tal situación, los *poliamorosos* que he conocido son de las personas más felices y balanceadas con las que me ha tocado convivir. Y quieren su reconocimiento en Facebook. Esto me lo dijo una amiga cercana que practica el *poliamor*:

Yo tengo novio, y tengo novio, y me encanta; lo mejor es que a ellos también. De hecho, se llevan bastante bien, y a veces hasta nos vamos los tres a cenar. Realmente no hay celos de por medio. ¿Por qué no me crees que sí se pueda? El caso es que todos sabemos que hay cariño y nadie está peleando por nada. No se trata de poseer a la persona, es compartir.

¿Que por qué nos gustaría nuestro propio estatus en Facebook? Bueno, porque evidentemente no estamos cerca de que las leyes nos tomen en cuenta, pero los cambios sociales hoy en día empiezan en la red, ¿o no? Sería un gran principio.

Mientras tanto, mis queridos *poliamorosos*, se tendrán que resignar a utilizar el estatus de *Relación abierta* o el de *Es complicado* (al que ya llegaremos, y le traemos muchas ganas).

Por cierto, chicas, si ven en el Facebook de un potencial galán el término *relación abierta*, no está de más que sí hagan un poquito de ciberinvestigación (no lo llamemos acoso aquí) hasta saber si la novia o esposa está de acuerdo con dicha definición.

Y por favor, no olviden las lecciones del pasado, no los vamos a cambiar. Si lo que quiere y tiene son relaciones abiertas, entrarle a un *ménage a trois* sentimental no es la manera de conseguir un amor monógamo. Nunca. Aléjense y cuéntenle a quien más confianza le tengan, o al menos a quien no se vaya a reír de ustedes, como hace conmigo mi marido gay.

ES COMPLICADO

Ah, el mejor de todos los estatus, el más honesto, el que todos, todo el tiempo, deberíamos llevar estampado en la frente. ¿Qué en esta vida no es complicado? ¿Qué? Por lo menos las cosas que valen la pena lo son y por mucho.

- *Quiere decir que tiene novio, pero le gusta divertirse de vez en cuando.*
- *Que algo esconde.*
- *Está a punto de mandar al demonio a su chavo/chava.*
- *Que no puede olvidar a su ex.*
- *Pienso que es casado.*
- *Creo que hay chance de rechinar catre.*
- *Pienso: 'pendejo, sólo quiere sexo y no compromiso'.*
- *Que es gay y anda con una chava.*

Y así podríamos seguir por horas, pero el mensaje en común es uno muy claro: ¡Sal por patas de ahí en este mismo momento! ¿Premio de consolación? Se vale visitar de vez en cuando la página para ver si ya tuvo los tamaños para poner *soltero.*

Sí, el estatus en Facebook se presta para casi cualquier interpretación, aunque no es ni remotamente lo más dramático que pueda pasarnos dentro de este extraño cibermundo. ¿Qué tal cuando la red en sí se vuelve el sustituto de la vida misma?

Elisa y Sebastián

Habían pasado dos meses y aún no se le hacía a Elisa coincidir con Jason en algún viaje; tampoco es que hubiera comunicación alguna como para que lo planearan, pero bueno, no había movimiento de ese *extraordinario espécimen* de hombre que no se conociera gracias a su gusto por comunicarlo todo en Facebook, donde por cierto, sus fans se congregaban para halagarlo.

Para Elisa, las oportunidades en el camino no habían sido desperdiciadas y decidió explotar todas las situaciones sociales que se le presentaran, por 20 minutos, pero le echaba ganas porque no iba a dejar de lado los consejos que Sebastián le ofrecía para enseñarle a ser *un perfecto hombre gay:*

Protegida ante todo. Siempre lleva tú los condones, pero igual cuida tus sentimientos. Yo también me medio enamoraba de cualquier tipo que besara, pero la verdad es que lo que estamos buscando es que alguien nos reafirme que somos deseables... Hasta que llegue el que realmente vas a amar. Eres hermosa, pero si quieres pruebas ve por ellas. Yo te cuido.

¡Sí, me los comeré a todos! Decía ella en un enardecido grito de guerra ante el cual Sebastián sólo soltaba una sonrisita sardónica. Ya había oído esto antes. Elisa se emocionaba, se aceleraba y luego digamos que flaqueaba en el camino al conseguir su nueva cuesta amorosa o, como quien dice, siempre acababa sus noches en Facebook, leyendo las aventuras del desaparecido susodicho como si él se las estuviera contando en el oído personalmente. Por eso, Sebastián decidió llevarla a Nueva York, donde juntos fueron (horror de los horrores) a todos los bares *bugas* que encontraron.

En una de esas visitas, de pronto se escuchó una voz con un pronunciado acento ibérico:

—¿Elisa? —preguntó el español, abrazándola con un placer innegable—. ¿En serio eres tú? ¿Qué haces por acá, tía?

—¡Javier! —contestó ella aventándole los brazos alrededor del cuello con gusto. Era un joven alto y flaco, de lentes, y con la sonrisa más encantadora de la madre patria.

—Sebastián, él es Javier, hace exactamente lo mismo que yo pero en una revista de Barcelona. Javier, él es Sebastián. Mi marido… —enseguida a Javier le cambió el rostro a decepción— …gay. Mi marido gay, mi mejor amigo, pues. Nada de sexo. Ya sabes. Debes tener uno de esos tú también, ¿o no? —¡*Auch*!, gritó debido a la patada que Sebastián, tratando de no reír, le había acomodado debajo de la mesa para callarla. Esto sonaba prometedor, era la primera vez que veía a Elisa realmente emocionada por encontrar a alguien desde la debacle de la desaparición repentina de Jason, y la mirada de Javier también decía mucho. Aquí algo había.

La noche transcurrió así. Javier se acercaba, Elisa le agarraba la lonja a Sebastián, y Sebastián le daba de manotazos discretos para que se concentrara en el nuevo galán. Fueron casi dos horas y media de variaciones de esa elegante maniobra. Por ahí de la medianoche, cuando Javier fue al baño, Elisa automáticamente buscó su iPad en la bolsa que cargaba, y antes de que Sebastián pudiera hacer nada, susurró:

—¡Me escribió! ¡Jason me escribió! ¿Te lo dije o no te lo dije? —le suministró un gritito ahogado a Sebastián, mientras Javier regresaba y la tomaba firmemente de la cintura.

Elisa rápidamente guardó el aparato sin ganas de hacerlo, pero al menos saboreando con anticipación lo que la esperaría más tarde.

—¿Pues quién te escribió, mujer, que te tiene así? —preguntó Javier.

—Nada Javi, cosas de la revista. Tengo sueño, ¿nos vamos Sebastián?

Esa noche en la cama matrimonial que compartían (era el cuarto menos caro y esta vez ella sí estaba pagando), Sebastián no quería ni hablarle, pero a ella no le importó, sólo leía una y otra vez el mensaje que su buzón de Facebook le había regalado... *¿Nos vemos en Montana?*

Eso era todo. Y Montana probablemente hubiera sido el último lugar del mundo donde hubiera aceptado ir para escribir acerca de él en la revista. ¿Vacas y lazos? ¡Por favor!, pero en el momento que escuchó el primer ronquido de Sebastián apretó el botón de *responder:*

Ya empaqué mi sombrero.

Ah, no. Esta historia simplemente no quiere concluir.

Dos o tres cositas más: el peligro

Cuenten hasta diez. Bueno, en esos 10 segundos recién transcurridos se acaban de publicar tres libros más que hablan de Facebook; éste definitivamente no pretende ser uno de ellos, pero sí hay dos o tres cosas más que se deben saber para no dejar que esta herramienta nos haga pasar de la libertad al libertinaje. (¿Se acuerdan cuando decíamos eso? Realmente queríamos decir: *me muero de ganas de tener sexo pero sé que todavía estoy muy pequeña y mensa para hacerlo bien, así que juzgaré a las que sí se atreven*).

En fin, hablando con mi marido gay, y con el grupo este de extraordinarias mujeres, concluimos cuáles son las cuatro cosas más peligrosas de Facebook que nos permiten tener acceso al mundo entero sin restricciones:

FENÓMENO 1: YO NO SOY ACOSADORA

¿Qué pasa con Facebook que hace que mujeres perfectamente razonables e inteligentes nos comportemos como verdaderas *grupies* obsesionadas y enajenadas? Quédense con cualquiera de estas confesiones:

- *Abrí un perfil con el nombre de su prima que vive en Europa para que me aceptara y así pudiera saber qué está haciendo todo el tiempo.*

- *En plena boda le pedía a mi hermana que sacara mi iPhone de su bolsa y actualizara mi estatus para que ya no dijera* soltera.

- *No puedo dejar de entrar al perfil de su ex. Lo siento, sé que está del carajo, pero les juro que la vieja todavía quiere con él.*

- *En la prepa, cuando la niña que molestamos en el salón dejó abierto su perfil para irse al baño, entramos y le mandamos propuestas sexuales al maestro. ¡Y aceptó!*

- *Cuando él no escribe en su muro empiezo a pensar que le pasó algo espantoso.*

Esto sólo sería el principio del catálogo, pero no me digan que no se han descubierto merodeando más veces al día de lo que quisieran reconocer la página de *aquel*. Si contestaron que no, apúrense, abran un diplomado de *Extraordinarios poderes de estabilidad emocional*, y les prometo ser la primera en apuntarme. Necesitamos cabezas frías como las de ustedes para guiarnos por el abismo del mundo de las acosadoras involuntarias al que ahora pertenecemos.

Una amiga admitió: *Yo me sé la clave de mi ex. De hecho, por eso es mi ex. Nunca es buena idea saber demasiado, pero no pude evitarlo.*

Es como poner vodka en el garrafón del agua en Alcohólicos Anónimos, no podemos evitar regresar y regresar, y de ahí los malos entendidos.

Hace meses vi este mensaje en el muro del hombre con el que estaba (¿o no?) saliendo todavía:

Sólo quiero que sepas que no puedo sacarte de mi cabeza.

Wow, gracias. O wow, grandísimo bastardo del mal. Pero mi orgullo era superior a mi curiosidad y no pude preguntar. En lugar de eso me descubrí abriendo los perfiles de las chavas que le habían contestado.

Oh, las odiaba a todas. ¿Una enfermera? ¿De dónde había sacado este tipo a una enfermera? ¿De una película porno? Descubrí que otra de ellas tenía una abuelita que se estaba muriendo y mentalmente la perdoné por el daño que podría o no estarme haciendo. Vi una particularmente sospechosa, a quien ya estaba pensando cómo atropellar, cuando me *cayó el veinte*... era su hermana. Era oficial, me había convertido en una *ciberacosadora*.

Hasta la fecha no sé si eso me lo escribió a mí o a alguien más. Y hasta la fecha sé que primero muerta que preguntarle. Ya no importa, eso terminó, pero quién sabe, en una de esas él se pone a leer este libro y me llama para sacarme de la duda. Aunque sospecho que no me gustará la respuesta.

FENÓMENO 2: NO ACEPTES A TU FAMILIA

Esto es algo que debes atender seriamente si quieres evadir esos sentimientos de culpa que, sin la menor excepción, acompañan a una mujer liberada y argüendera en estos días.

Los que fuimos pioneros del Facebook ya nos fregamos. En esos tiempos de la prehistoria no sabíamos nada, pero la vida nos ha ido ilustrando. Por ejemplo, una ya sabe con certeza científica que no puedes decirle a tu hermanita de 12 años que se porte bien si entra a tu Facebook y te ve empinándote una botella de whisky en tu perfil. (Para no decir empinándote otra cosa, que no deberías poner en FB, pero tarde o temprano siempre acaba ahí.) No vas a dejar de echarte ese whisky, ¿verdad? Pero sí podrías no haber aceptado la amistad de la pequeña demonio.

¿Se acuerdan de los problemas que causa tener a tu madre en la Blackberry? Bueno, esos son juegos de niños en comparación con Facebook, porque las cosas suelen ser variaciones de esta historia:

Escribes: *Esta noche la nostalgia me invade, veo la luna y recuerdo...*

Lo que quieres decir realmente es: *Ya vi que el güey con el que me besé el otro día (y que no me ha hablado) está en el chat, y si en este preciso momento pongo eso en mi página igual lo ve, se acuerda y esta noche acaban nuestros cuerpos enredados.*
El resultado: Quien contesta es tu mamá y te dice: *¿Qué tienes, hija? ¿Qué pasa? ¿Te va a bajar? ¿Por qué nunca me cuentas nada? ¿Vienes a cenar?*
En el mejor de los casos: Al hombre que querías seducir con esta treta *le gusta* eso.

No. No es buena idea aceptar a tu familia en Facebook.

FENÓMENO 3: A VENDERTE, MI REINA

¿Qué demonios debo poner en mi perfil? Nada que escriba ahí hará justicia al nivel de neurosis que suelo cargarme. ¿Y como para qué quiero escribir cuáles son mis citas favoritas del cine? Si pongo una de *Loca academia de policía*, ya estuvo que no me va a agregar Elena Poniatowska. ¿Quiero que me agregue Elena Poniatowska? ¿Por qué de pronto esto es tan importante?

Pues lo es. Tengo perfil en Facebook, por lo tanto existo. No es una metáfora, es realidad. Y supongo que en el fondo de muchas de nuestras mentes estamos llenando ese perfil como si fuera el cuestionario que te ponen las páginas para encontrar pareja. ¿Será que Facebook convierta nuestras fantasías en realidad y acabe con nuestra soledad? Me temo que en algún lado de nuestra mente lo estamos pensando. ¿La buena noticia?... puede ser.

FENÓMENO 4: DIVORCIO E INFIDELIDAD

Es cierto que culpar a Facebook de que alguien te puso el cuerno es lo mismo que tratar de hacer responsable al teléfono. Absurdo. Lo que éste brinda tal vez sean las oportunidades, pero no las ganas.

Sin embargo, hay varios estudios que aseguran que uno de cada cinco divorcios en estos días tiene que ver con esta red social. Es cierto. Uno no va a hacer el esfuerzo activamente por buscar al niño que te gustaba en la secundaria, ¿pero qué pasa si una noche se te aparece en tu propia recámara, cuando estás sola, vulnerable y en pijama? Ese día tu marido se fue a dormir sin avisarte, después de que pasaste horas haciéndole una cena que apenas se molestó en probar.

Te fijas en el estatus de tu cuate y está el siempre conveniente y peligroso *es complicado* que deja todo a la imaginación.

Tal vez resistes la tentación y sólo saludas y le escribes un poquito, pero te vas a la cama sintiéndote un poco más bonita y deseada. Al día siguiente es igual. Y empiezas a preguntarte: *Si a mí me puede estar pasando esto, ¿qué sucederá en el Facebook de mi marido?* Te resistes unas tres noches más, porque en realidad no tienes razón de estar dudando de él, pero al final no te aguantas. Sabes cuál es su clave, no es difícil. Escribes el nombre de tu suegra (lo cual de por sí ya es para preocuparte) y estás dentro.

Comienzas a leer mensajes y mensajes. Mucha cerveza. *¿En serio pierde tanto tiempo jugando a que tiene una granja este güey? ¿Por eso llega tan cansado todas las noches, porqué tiene que darle de comer a los puerquitos?,* piensas un poco exasperada, pero sientes algo de alivio. No sabes qué querías encontrar ahí, pero qué bueno que no lo encontraste; de pronto aparece un cuadro en la parte inferior de la derecha de tu pantalla.

¿Estás ahí? ¿Ya se durmió tu vieja?

¡Ah, chingá! Y haces lo que cualquier ser razonable haría bajo las circunstancias.

Ya, ¿qué cuentas?

Las horas para poder volverte a mam...

¡Wooow!

Y casi enseguida te encuentras en la oficina de tu abogado abrazada a tu laptop, escuchando...

—Lo primero que tienes que hacer es quitar cualquier referencia a tu vida personal de Facebook, creas o no que es relevante para nuestro caso —te está diciendo el licenciado—. Sí. Aunque el *pintacuernos* sea él. Por cierto, ¿imprimiste lo que viste ahí? ¿No? Terrible. A estas alturas ya lo borró y no hay pruebas. Bueno, igual nada de eso es una prueba admisible en la corte. ¿Sabías que contigo son siete este mes que llegan a divorciarse por algo que vieron en esa paginita?

Sí. Es absurdo culpar a Facebook de nuestras idioteces, pero cómo nos facilita cometerlas.

POR CIERTO...

- Este capítulo lo hubiera terminado, sin la menor duda, 13 veces más rápido de no ser porque me detenía a cada rato... a revisar mi Facebook.
- Durante las entrevistas que le hicimos al equipo de actores y producción de la película *La red social*, absolutamente todos aseguraron que no les interesa participar activamente en Facebook.
- Cada vez que se actualizan las reglas de privacidad, los usuarios amenazan con abandonar en masa la red... nunca lo hacen.
- Un estudio publicado por la revista *CyberPsychology and Behavior Journal*, culpa a Facebook de provocar por lo menos 28 millones de separaciones en todo tipo de parejas del mundo.

- Si Facebook fuera un país, sería el tercero más poblado del mundo. Y el único que todo mundo sabe instantáneamente dónde está.

- Como fue inventado para la comunicación entre universitarios, sus primeros usuarios tenían entre 18 y 29 años, pero un nuevo estudio revela que el crecimiento ahora se está dando en la franja de edad entre los 50 y 64 años, superando a los usuarios de entre 30 y 49 años.

- El 94% de los usuarios de Facebook acepta la solicitud de amistad de un desconocido si es atractivo. Los japoneses son quienes tienen menos amigos virtuales: en promedio 28; los mexicanos tienen 126, los estadounidenses 178 y los malayos 233. Cada usuario posee en promedio 120 amigos, pero sólo entre 7 y 10 personas son con quienes interactúa constantemente.

- El usuario promedio pasa más de 55 minutos al día en Facebook. Más de 6 mil millones de minutos son el total de nuestro tiempo diario en ese lugar que realmente no existe. ¿O sí existe?

CAPÍTULO 7

El día que las vaginas callaron

En realidad hay muy pocos trabajos que requieren del pene o la vagina.
Los demás deberían estar disponibles para todos.
Gloria Steinem, escritora

Reconquista

Éste es un capítulo de reconquista y de autoexploración, y comienza con esto: Un amigo y yo teníamos una encomienda de lo más extraña. Había que preguntarle a todas las mujeres que conocíamos, y a las que no también, los nombres que usaban para referirse a su vagina.

Íbamos por el mundo felizmente hostigando mujeres de buenas y malas conciencias hasta conseguir una lista espectacular de nombres que le damos a nuestro *bujerito*. No fue por puro gusto (aunque nos agradó). Estábamos trabajando en la adaptación para México de *Los monólogos de la vagina*. Ocurrió en el año 2000, y todo parecía ir de acuerdo con los tiempos que van cambiando.

Esto fue lo que descubrimos en ese fascinante proceso. A las mujeres ya no les espantaba hablar de sus partes íntimas, y eso era un problema, porque toda la premisa para promover la obra en ese momento (o al menos así se había manejado en Estados Unidos), era que estábamos viviendo una revolución de conciencia que nos permitiría, por fin, hablar de la vagina. Y que habría muchas personas escandalizadas. Tenía que ser un acto de liberación espectacular, un permiso para querernos completas. Ese permiso ya nos lo habíamos dado desde mucho tiempo antes.

Sin embargo, esa revelación resultó ser muy buena porque cuando por fin terminamos y vimos la obra montada, encontramos una puesta en escena que, en lugar de ser contestataria y retadora del imperante moralismo macho, simplemente era un reflejo de muchas de nosotras. Han pasado más de 10 años, y al despertar, las vaginas siguen ahí.

Lo que yo concluí fue esto: qué bueno que las vaginas ya tienen voz, pero ellas no deben ser nuestras únicas voceras.

Mi vagina imaginaria

Silvia estaba sentada esperando en el convertible. *¿Me bajo o no me bajo?*, se preguntaba. Aunque sólo transcurrieron 45 segundos en los que él descendió del coche, entregó las llaves y se dirigió hacia ella, se sintieron como una eternidad.

Ésta era una decisión importante. Por primera vez en muchos años, Silvia estaba realmente interesada en alguien. *Sí, bájate. ¿O ahora resulta que necesitas de un hombre hasta para salir de un coche?*, era esa voz de nuevo.

Ella gozaba mucho de llamarse a sí misma una *militante bipolar.* Ante el mundo era toda una feminista, pero una feminista que a veces sólo quería que alguien la cuidara para siempre. Para explicárselo bien a las amigas a quienes más confianza les tenía, así se describía: *Soy una niña de clóset.* En efecto, no quedaba lugar para niñerías trabajando en la Cámara de Diputados. Apenas habían dejado entrar a las mujeres, pero sólo a aquellas verdaderamente rudas. Así que por años, en lo que se ganó su puesto en Comunicación Social, Silvia dejó de lado todos sus sentimientos, pero permanecía un vicio de su pasado que no podía dejar atrás.

Ni siquiera su psicoterapeuta sabía esto, pero Silvia tenía una amiga imaginaria: su vagina.

Todo empezó de manera muy inocente e inesperada. El día que le bajó por primera vez. A diferencia de todas sus amigas, a Silvia le había caído *la tía* demasiado tarde en la vida. Tenía 14 años, a punto de cumplir 15, y estaba segura de que su cuerpo le estaba tratando de decir algo. Tal vez ella no era una mujer común y corriente, tal vez nunca tendría hijos, tal vez por eso se quedaría sola para siempre.

Así continuaron esos nada amables pensamientos cuando, un día en el último año de secundaria, sintió algo raro entre las piernas en plena clase. Por un momento se asustó, pensando que había ocurrido una calamidad y que pasaría su graduación en el hospital (siempre tendía a ser un poco apocalíptica).

—¿Qué me estás haciendo? —se descubrió preguntándole a su propia vagina, que desde sus entrañas repentinamente cobró vida y, sorpresivamente, contestó:

—Yo no sé, comadre, pero más te vale que corras al baño. Traes pantalón blanco y no quieres que tu debut sea frente a este público, ¿o sí?

Ah, qué simpático orificio, pensó y soltó una carcajadita. *Ahora sí ya enloquecí.*

El Chivo, con ese nombre se le conocía al viejo profesor de matemáticas, volteó a verla, y molesto le preguntó:

—¿Te estoy aburriendo, Silvia?

No, aburriendo no, pero ayudándola a entrar a un ataque compartido de pánico y carcajadas, definitivamente sí... Entre el Chivo y su vaginita parlante que al mismo tiempo se soltaron a hablar...

Chivo:

—Tal vez ahorita no lo comprendas, pero ya te quiero ver en 10 años tratando de llenar un recibo de honorarios, y dándote de topes contra la pared porque...

Vagina:

—A partir de hoy tienes que entender que te tienes que cuidar. Y no hablo de embarazarte, que también, sino de ti misma porque fíjate que antes de pasar por mí cada mes la...

Chivo:

—...no sabes calcular ni el IVA. Si no te concentras nunca vas a superar esta etapa y lo siento mucho, señorita, pero lo tienes que hacer para que...

Vagina:

—...menstruación va a ponerte realmente hinchada y de malas, pero no te preocupes, porque esto tenía que pasar para que puedas ser un adulto de verdad...

Concluyeron el Chivo y la Vagina al mismo tiempo.

Lentamente, Silvia se levantó de su lugar, vio al profe y preguntó mientras se amarraba el suéter a la cintura para que nadie le viera el trasero en camino a la puerta:

—¿Puedo ir al baño? No me siento muy bien.

Eso sucedió hace 15 años y, desde entonces, no había poder humano que callara a su vagina. Era su amiga imaginaria que la acompañaba en las buenas y en las malas. A veces la amaba, a veces la odiaba, pero siempre le daba la razón. Últimamente Silvia salía un poco agotada de esas conversaciones porque la verdad era que su vagina le resultó un poco radical. Amaba a los hombres, pero sólo de entrada por salida. Si se quedaban un poco más de tiempo en la vecindad, entonces pasaba del amor al odio con una velocidad alarmante. Era una consejera un tanto ruda con Silvia. La verdad es que su vagina tenía la mala costumbre de comportarse como hombre.

—Cuando a los hombres les dicen que piensan con el pene se refieren a que sólo quieren sexo, ¿verdad? —le preguntó su vagina una buena tarde en que las dos habían pasado horas calladas en la playa viendo bellísimos extranjeros pasar.

—Sí, eso quiere decir —Silvia le contestó. Y era una buena reflexión; cuando las dos ponían su mente a trabajar en conjunto, la respuesta no siempre tenía que ver con el sexo. Muchas veces, durante los años de escalada laboral de Silvia, su vagina le aconsejaba sabiamente:

—Tú sabes que estoy aquí, y ellos saben que estoy aquí. El truco es que tienes que usar ese conocimiento para ganarles en su propio juego. En el momento que vea que sólo están pensando cómo acercarse a mí, entonces tú los haces firmar lo que quieras. Ni cuenta se van a dar de lo que pasó. Y no te preocupes, prometo no dejar a nadie entrar si tú no quieres —bien solidaria e inteligente la muchacha. Eran un gran equipo ella y su vagina.

Así que ahora, sentada en ese convertible, la mujer poderosa decidió por primera vez en su vida ignorar a su secuaz. *Tú qué sabes,* pensó, *si sólo eres una vagina.* Esperó a que le abrieran la puerta del coche y aceptó que le regalaran una flor; además, no trató de pagar la cuenta del restaurante. Dejó que él la tratara como princesa durante toda la velada, no permitió que pasara a saludar a su vagina, fue la cita más perfecta de su vida. Esa noche, al poner la cabeza en la almohada, Silvia lo hizo con una sonrisa. Una no siempre tenía que ser la *madre de todas las perras,* a veces era lindo dejarse querer.

El sol pegó en su cama a la mañana siguiente y despertó contenta, pero después de algunos minutos Silvia sintió algo raro. El silencio estremecía. Algo estaba mal. Para la tarde hasta se autoexploró en la regadera:

—¿Sigues ahí? —le preguntó a su vieja amiga... Nada.

No es posible. Sólo a mí me deja de hablar mi amiga imaginaria, se dijo mientras se preparaba para volverlo a ver.

—Hoy igual te van a visitar, ¿eh? Así que despierta, por favor —... Nada.

Esa noche la cita también fue perfecta; sin embargo, Silvia estaba un poco distraída pensando qué habría hecho para ofender a su vagina. *¿Será porque no seguí su consejo? ¿Estará enojada porque por primera vez en la vida no le hice caso?,* perfectamente posible, pero qué orgullosa le había salido, y qué controladora. Silvia se empezó a enojar, no estaba muy segura si era con ella misma o con su parte más platicadora, pero estaba enojada. Así que cuando él la besó con pasión afuera de su casa, muy a pesar de sí misma, no lo dejó pasar.

Nomás faltaba que encima de todo le diera un regalito a la condenada. No merece que nadie la vaya a saludar, se dijo para sus adentros, y se despidió de su cita perfecta con un leve beso y la sonrisita de las buenas noches.

Por lo visto, esa técnica antigua y descartada hace siglos de hacer que los hombres esperen por el sexo sigue rindiendo frutos. Él se enamoró perdidamente de Silvia e hizo todo lo que se le ocurrió para lograr conquistarla; pasaron meses y como Silvia no tenía con quién hablar al respecto, se dejó llevar. Ella también se enamoró profundamente y pasaron semanas antes de que se diera cuenta de que si le hacía el amor a este hombre, tendría que ser para ella misma, y no para complacer a esa berrinchuda y ahora muda amiga imaginaria.

Creo que todo este tiempo mi vagina era hombre y yo no me había dado cuenta, pensó mientras se preparaba para esa noche... la definitiva. Silvia se quitó toda la ropa y se miró al espejo. No hubo una voz que le dijera que se tenía que cubrir, que proteger, que no se debía entregar; se sintió en paz y a la vez profundamente triste, sabía que se estaba despidiendo de su más grande locura y compañía, pero ya no estaría sola. Era momento de decir adiós.

—Aunque ya no me hables, sé que me estás escuchando. Hoy tendrás una linda sorpresa. Te lo encargo... porque lo amo —y ése fue el adiós...

Objetos sexuales

Si se supone que somos más que la suma de nuestras partes, no era de extrañarse que muchas mujeres tarde o temprano se sumaran a un grito de liberación que nos separara de nuestras vaginas como mayor identificador. En otras palabras:

Deja de ver mis partes íntimas y mírame a los ojos, cabrón.

Pero platicando con muchas mujeres descubrí algo muy interesante que aparentemente está pasando. Todas tenían variantes de esta misma queja:

- *Trabajé tanto para que tomaran en cuenta mi mente y no a mi cuerpo, que ya no hay quien se ocupe de mi cuerpo.*
- *Mi marido me aplica el clásico:* No puedo ver a la madre de mis hijos como un objeto sexual. *Y cuando quiero*

experimentar, veo cómo se le antoja pero le gana el pánico.

- *Me pidieron que dejara de usar pantalones pegados en el trabajo porque decían que distraía a los clientes.*

- *Mi esposo me mantiene, me cuida, me quiere, pero el sexo lo guarda para las mujeres a las que desprecia.*

En otras palabras, muchas veces, cuando las mujeres queremos ser tomadas en serio, entonces tenemos que dejar de lado nuestra sexualidad. Por lo visto a muchos hombres les cuesta un trabajo salvaje considerar como su igual a una mujer que los hace comportarse como animales.

¿Pero en serio tenemos que dejar una cosa por la otra?

Los regalitos

Ahí les va esta. A mi marido gay le encanta regalarme parafernalia sexual de todos los lugares del mundo que visita. En serio, no puedo esperar a ver qué va a traer en la maleta de su más reciente viaje, y en varias ocasiones he ido al aeropuerto por él sólo para pararme frente a las puertas eléctricas y no perderme el día que lo cachen los de aduanas con semejantes artefactos.

Nada ilegal, pero definitivamente pintoresco. Tengo muchos amigos y hasta un exnovio que en algún momento de mi vida me han pedido:

Si me muero repentinamente por favor corre a mi casa y vacía mi cajón secreto antes que llegue mi mamá y lo vea.

Yo aprovecho este espacio para decir que si me muero algún día repentinamente, no se mortifiquen, la mayoría de esas cosas en mi cajón secreto son pura *memorabilia* y *souvenirs* de los viajes de aquél. Nunca se han usado, tendría terror de intentarlo, pero es muy lindo compartir su curiosidad.

Es que lo vi y se me antojó mucho, pero yo no tengo por dónde usarlo. Así que pensé, mejor que ella lo goce a que se quede solito en esta tienda de un rincón de Berlín.

Gracias por pensar en mí, querido. ¿Y ahora qué hago con eso? Nunca tiraría a la basura sus regalos, básicamente porque los pepenadores no sabrían ni qué hacer con ellos, y dudo que sean reciclables en la mayoría de los casos. Soy bastante considerada para ese tipo de cosas.

El caso es que éste ya no es un mundo diseñado como para que nuestras vaginas tengan que hablar por nosotras. Solitas hablan y se entienden muy bien, y hay todo un universo de cosas fantásticas creadas sólo para su diversión.

No tuve sexo...

Por lo visto las vaginas han tenido que callar por otro motivo, esto lleva muchos años ocurriendo en todo el mundo, no es novedad ni invento, pero es completamente verdadero. Esto me lo contó una chava que todavía está en la preparatoria:

Si tontas no somos, pero no está mal tener reglas, y éstas lo que dicen es que mientras tu himen siga intacto continúas siendo oficialmente virgen. Sabemos que el sexo anal no te puede embarazar. ¿Qué? Ah, sí, sabemos que las enfermedades se pueden pasar así, pero la verdad la mayoría de las chavas lo intentan sin condón porque lo único que las asusta es tener un bebé. Igual a la mayoría no nos gusta hacerlo, pero a veces hay que aguantarse. Sí nos da miedo el sida, pero no es que sea como para la generación de nuestros papás, que no tenía cura. ¿Cómo que todavía no tiene cura? Pero ya no te mata, ¿o sí? El caso es que se vale todo porque la competencia está muy cañona. *Si quieres que el chavo que te gusta te haga caso, tienes que hacer algo por él. Hay muchas cosas que se pueden hacer y que todavía te tomen en serio. Sí. Yo soy virgen. Nunca he tenido un orgasmo.*

Esto es en serio, pasa todo el tiempo, y es aceptado socialmente en muchos de los círculos de los chavos de hoy. Pero por más que nos parezca ridículo debemos admitir algo que no está padre: si no hay penetración vaginal, muchas mujeres de cualquier edad sienten que no tuvieron sexo. Punto. Para bien y para mal.

Bajo estas circunstancias, si yo fuera vagina, estaría demasiado deprimida para hablarle a nadie.

El placer

Imaginen esta escena. Estoy en un banquito frente a un público a punto de gemir hasta el grado de la saciedad. Son por lo menos 10 los gemidos que me esperan, y como suele ocurrirme cuando lo hago en público, termino bastante mareada. En serio, siempre después de *combo gemido clítoris-vaginal,* siento que se oscurece un poquito el mundo y pierdo un poco el balance. Por eso siempre prosigo con uno más sencillito, como el *de bebé* para no caer muerta por falta de oxígeno en el cerebro a la hora del *gemido sorpresivo del triple orgasmo* (el cual siempre presento orgullosamente dejando mis tarjetas de lado, viendo a mis compañeras y diciendo: *y éste, chicas, sí me lo sé*).

Por supuesto que estoy hablando de mi incursión como actriz profesional en *Los monólogos de la vagina,* obra que es prácticamente parte del repertorio natural en mi vida.

Por ejemplo, si estoy hablando de un plan muy ambicioso que traigo con mi marido gay, sé que ambos acabaremos gritando como en la obra: *¡Mi vagina, mi vagina lo quiere todo!* Y si en algún lugar escuchamos las palabras *el doble,* automáticamente nos aventará al alarido de guerra que dice: *El doble, el doble ¡El doble que el pene!* (refiriéndonos a las terminales nerviosas del clítoris, como bien nos enseñó tan ilustrativa obra en la que trabajamos). Sí, dañadas estamos, pero cómo nos divertimos con nuestras vaginas.

Ahora regresen conmigo a ese banquito en el pequeño teatro de un hotel en la Zona Rosa. Acabo de narrar la historia de *la mujer a quien le encanta hacer felices a otras vaginas*, y me preparo para mi gran final. Tomo el aire que necesito para el primer gemido y veo al techo para inspirarme. Ahí, un foco blanco, el cual me hace seguir con la mirada a la persona del público que está directamente debajo de éste. Siempre lo hago así, me les quedo viendo por un instante con una sonrisa morbosona; es divertido poner nervioso a quien te ve, para que luego libere ese estrés con la risa. Pero el chiste me lo hicieron a mí esa vez. Abajo del foco y viéndome con los ojos redondos como plato: mi papá.

Ni modo, el show debe continuar y comienzo a explicar y ejemplificar los diferentes tipos de gemidos que existen. Voy bien, hasta que durante *el gemido de la cuarentona,* se me ocurre levantar la mirada. Ahí estaba él, riendo pero viendo al techo como buscando a Dios para que le explicara qué era lo que había hecho para merecer semejante castigo. A su lado mi hermano, que sólo se tapaba la cara mientras movía la cabeza de lado a lado, no iba a estar padre el desayuno familiar del día siguiente.

No dejo de agradecerles que hayan ido a esos dos parientes valientes, si pude con ese reto puedo con todo; pude con el chavo con el que salía, quien me fue a ver y me preguntó si realmente estaba teniendo orgasmos en escena (chale, ¿ahora qué va a esperar éste de mí?); y pude con la mujer *de la vela perpetua* que me esperó para decirme que no era tarde para que una pecadora como yo encontrara a Jesucristo (¿alguien me explica qué hace Jesucristo merodeando *Los monólogos de la vagina*?)

Bueno, hasta pude cuando un señor que se apellida Salinas de Gortari llegó a felicitarme por mis gemidos. Francamente, después de eso, me considero una campeona y no hay situación pública que me pueda asustar. Que se venga, ehem, lo que sigue. ¿Ven cómo mi vagina sí lo puede todo?

Así que ahí están: nuestras vaginas han estado trabajando a marchas forzadas durante la última década y media desde que varios fenómenos sociales, entre ellos *Los monólogos* y el *V-day* (día de la vagina), las aventaron al centro de la atención mundial.

Hay muchas feministas recalcitrantes que les molestó esto desde un principio. Es bueno el argumento, ¿de verdad íbamos a ser representadas por el mismo órgano al cual los hombres nos reducen? La respuesta en su momento fue sí, eso era exactamente lo que necesitábamos, como lo dice el monólogo *reconquistando el coño,* era necesario quitarles las armas que usaban en nuestra contra para hacerlas nuestras.

Pero tal vez ya es hora de dejar a nuestras lindas vaginas descansar de esta interminable guerra de los sexos, y permitir que regresen a hacer su trabajo original, que es fundamental; tal vez debemos dejar que otros órganos, como el cerebro, se ocupen de esta cruzada antes de que a alguien se le ocurra acuñar el *piensa con la vagina* como un término despectivo. Duerman, niñas, se lo merecen. Han hecho un gran trabajo.

POR CIERTO...

- Aunque para muchos *Los monólogos de la vagina* son considerados como parte de una lucha incansable por los derechos de las mujeres, éstos también tienen a sus detractoras. Muchas han asegurado que es un tratado en contra del hombre (realmente no lo es). Otras se han manifestado en contra del *Monólogo* que en México se conoce como *La paparrucha en el país de las maravillas,* porque narra la historia (real) de una niña de 13 años que encuentra su salvación en el sexo con una lesbiana de 24 años que la alcoholizó.

- Eve Ensler, la autora de *Los monólogos*, también tiene un texto en el que le preguntó a mujeres de todo el mundo cuáles eran las partes de sus cuerpos que más las acomplejaban. En México, según me dijo la propia Eve, eran las *chaparreras*.

- Casi todas las mujeres, y una tercera parte de los hombres, cierran los ojos cuando besan a su pareja, según se desprende de un estudio realizado recientemente en Estados Unidos.

- Casi un cuarto de los objetos dejados dentro del cuerpo de una mujer después de una operación, acaban en la vagina. El 69% de éstos, según registros de los seguros de salud, son esponjas.

- Después de una investigación que incluyó a mil 800 mujeres, en King's College de Londres, se llegó a la conclusión de que el punto G de las mujeres podría ser algo subjetivo, un *producto de su imaginación* y no existir realmente. Yo creo que no saben buscar.

- Una de las mejores leyendas urbanas en Hollyowood asegura que los estudios MGM organizaban sus calendarios de filmación según los ciclos menstruales de sus actrices principales.

- Según Hipócrates, padre de la medicina, el útero de las mujeres que no practican con constancia el acto sexual, se deseca y se cierra herméticamente, lo que causa dolor en todo su cuerpo. (Hmmm, ¿éste no era el que decía: "Primero no hagas daño"?)

- Si cada relación sexual dura 15 minutos, los esposos disfrutarán, en promedio, de 610 horas de relaciones sexuales durante su vida de casados.

CAPÍTULO 8

Anatomía de un chisme

Los buenos chismes son sólo lo que está pasando.
Los malos chismes son crueles, abusivos y perros.
Y son los que le gustan a la gente.
Liz Smith, columnista

Para sobrevivirlo

Si el exceso de información en estos días es una de las cosas que está acabando con nuestra paz mental, imaginen lo que pasa cuando esa información es respecto a nosotras y con muy malas intenciones.

Todas hemos sido víctimas de un chisme, pero la verdad es que en más de una ocasión nosotras mismas lo propagamos. Pues aquí les va una noticia que igual nos puede ayudar a sentirnos menos culpables:

Endorfinas

No les digo esto para que sigan chismeando sin cargo de conciencia, se los platico para que comprendan que somos adictas. Así es, médica y neurológicamente adictas a algo que no es ni el alcohol ni las drogas: somos adictas al chisme.

Ésta no es una linda figura retórica, no es una descripción amable del gusto que nos provoca escuchar cosas horribles de alguien más. Es el resultado de los estudios de varios científicos, como Charlotte de Backer, quien en su tesis básicamente compara nuestro gusto por el chisme con el del chocolate. Asegura que ciertas partes de nuestro cerebro se iluminan, denotando placer en el momento que consumimos ese tipo de información; liberamos endorfinas que nuestro cuerpo puede interpretar como felicidad. Y lo mejor de todo (aunque eso ya no aparece en la tesis de De Backer), el chisme no engorda.

Ahora, ¿qué tal esta otra explicación? Estamos programados para saber instintivamente quién se está acostando con quién. Esto en las sociedades antiguas era una de las reglas básicas para subsistir; sólo con este tipo de información se podía saber con quién aliarse para batallar contra los enemigos.

Frank McAndrew, psicólogo de la Universidad Fort Knox de Illinois, dice:

Hemos heredado la predisposición de estar al tanto de aquellos que tienen nuestra misma edad y sexo, ya que ésos son nuestros grandes competidores para conseguir el estatus y a la pareja en nuestros ancestrales grupos de recolectoras y cazadores.

Y ahí les va lo más perturbador de esta teoría. En los tiempos cavernarios, las mujeres que resultaban mejores para el chisme eran las que sobrevivían, las que tenían la información que podía significar la diferencia entre la vida y la muerte, y ellas le heredaban ese gen a sus hijos.

En otras palabras, somos el producto de miles de años de perfeccionamiento genético; somos lo mejor que sobrevivió, dejando atrás tanto eslabón perdido que no sabía compartir información. Es verdaderamente hermoso saber que sobrevivimos desde los mamuts hasta la peste, para acabar preocupados por el estado del matrimonio de Paulina Rubio.

Cosa de mujeres

¿Se sienten un poco aliviadas de saber que ser tan chismosas no es del todo su culpa? Pues ahí les va un regalito más, tomado de la investigación de la neuropsiquiatra Louann Brizendine, autora de un fascinante libro llamado *El cerebro femenino*.

Resulta que las mujeres estamos especialmente programadas (de fábrica) para el chisme, porque el incremento del estrógeno está directamente relacionado con hormonas como la oxitocina y la dopamina, que nuestro cerebro interpreta como felicidad. En otras palabras, necesitamos la emoción cerebral que nos produce consumir semejante información.

Hoy en día se están haciendo estudios en un par de universidades para determinar si las mujeres consumimos más revistas y programas de chismes durante nuestro periodo de fertilidad;

todo indica que sí es el caso. La lógica detrás de esto es que en esos días nuestros cuerpos interpretan a las famosas como competencia y sentimos la necesidad de saber qué están haciendo todo el tiempo. Este impulso ancestral también explica por qué tanta fantasía con hombres a quienes sólo conocemos a través de una pantalla o una publicación durante ciertos momentos del mes.

El chisme nos une

Hay una razón más por la cual buenas personas acaban devastando vidas ajenas con un mísero chisme. Hace sentirnos parte de algo grande, aunque se trate de personas que pensamos que no son reales. (Por cierto: se ha sabido de uno o dos famosos que, contrario a toda creencia, también tienen sentimientos.)

Parece todo un salto cuántico conectar el *¿con quién anda Belinda?* o *¿qué tontería habrá dicho Ninel Conde?*, con nuestra subsistencia como especie, pero el hecho es que somos seres biológica y anatómicamente programados para ello. Hemos evolucionado por nuestras experiencias, y si ello consiste en *vivorear* a la vecina, pues venga.

Lo cierto es que en un mundo tan enorme como el de hoy, tenemos muy pocas cosas en común, pero *los famosos* nos unen en una sola comunidad; los compartimos, no tenemos que plantear un terreno en común, y si la intención es acabar con los sujetos en cuestión, pues más unidos todavía.

¿Por qué te gusta el chisme?

Ahora que comprendemos de manera un poco más científica la razón por la cual propagamos estos maliciosos rayitos de información, no estaría mal saber cuáles son las razones que fluyen más rápidamente en nuestras lenguas al preguntar: ¿por qué te gusta el chisme?

- *Mejor que hablen de ellos que de mí.*
- *Por el morbo. Sabe rico.*
- *Es padre saber que no soy el único que está mal.*
- *Es como tener sexo prohibido. Muy rico, aunque sabes que no deberías.*
- *Llena nuestros vacíos emocionales.*
- *¿Por qué? ¿Te dijeron algo de mí?*

Por morbosos

Sin la menor duda, el *morbo* fue la respuesta más recurrente a esta pregunta: ¿por qué nos gusta el chisme? Sabe rico y nos permite retar nuestros propios límites. Claro que es más fácil hacerlo cuando la víctima es alguien más, pero eso no quiere decir que el vicio del morbo sea contagioso y compulsivamente inevitable, aunque las víctimas resultemos ser nosotros mismos.

Es como convertir el dolor en placer; sí, a veces el morbo nos hace masoquistas. Ejemplo claro, lo que le pasó a nuestra vieja amiga Elisa.

Elisa y Sebastián

Twing, sonó el Blackberry de Elisa. Era su "gran amiga" Dolores. La competencia, la editora de la otra revista de turismo en el país, y la perfecta desgraciada que le ganó el único *spot* en el viaje a Moscú.

—Estoy aquí en Rusia, y ni te imaginas a quién tengo sentado enfrente.

Maldita sea, Lola frente a Jason en el otro lado del mundo, y ella en la colonia Anzures haciendo tiempo para irse a comer tacos de pescado (son pocos los placeres, pero hay que aprovecharlos). Definitivamente la vida es injusta, pero ni modo; aunque no confiaba ni tantito en su "amiga", debía saberlo todo.

—Tienes que contarme qué te dice, con quién fue, qué trae puesto, ¿ok? Te invito a comer llegando.

Twing, respondió después de lo que parecía una eternidad.

—Seguro, te dejo porque nos vamos al concierto en la Plaza Roja, y luego a una degustación de vodka. Ciao, hermosa.

Vieja pretenciosa. ¿Ciao? Si la mujer nació en Toluca, Estado de México, y estaba en Rusia, no en Milán. ¿Y vodka? Ay, Dios… El estómago de Elisa estaba destruido, la úlcera que el doctor ya varias veces le había asegurado que sólo existía en su imaginación, volvió a activarse y terminó por tumbarla en el suelo de su oficina. Desde ahí abajo, hecha bolita, mandó un mensaje a Sebastián: *¿Comemos? Te necesito.*

No preguntes cosas que no quieres saber. No hables de más, ella no es tu amiga. No te pongas en una situación de vulnerabilidad y, sobre todas las cosas, no comiences a imaginar lo peor, como acostumbras, ¿ok?, le aconsejó Sebastián, quien sabía que no había nada que pudiera decir para evitar que Elisa fuera a esa comida.

En efecto, cuatro días después ahí estaban. Lola orgullosa portando su *uskanka* rusa, uno de esos gorros de piel con orejeras, como el que usaría *El chavo del ocho* si su vecindad estuviera en Siberia, y Elisa repuesta y con un plan de acción.

—¿No tienes calor?, digo, estamos en México, y en verano —preguntó inocente Elisa. Lola se arrancó el sombrero, y por su expresión, estaba bastante claro que no apreciaba mucho la crítica a sus decisiones veraniegas.

—Hermosa, no sabes qué viaje, ¿por qué no fuiste? Ah, jaja, perdón, ya me acordé. No fuiste porque fui yo. No sabes qué espectacular…

Hubo una pausa incómoda, las dos sabían por qué estaban ahí. Después de la eternidad que cupo en 45 segundos, Elisa ya no pudo más.

—¿Y Jason? ¿Estaba solo? ¿Tomaron mucho vodka? ¿Te preguntó por mí? —cuestionó en cascada, rompiendo cada una de las promesas que le había hecho a Sebastián.

Ten tu teléfono descompuesto

;ar teléfono descompuesto en estos tiempos de consolas y •letas es muy de ayer. Pero ojalá los niños sigan haciéndolo, rque siempre hay un momento en el que a media perversión una frase, algo nos hace entender que aquí no sólo estamos ;ando. El teléfono descompuesto es un pequeño laboratorio de que serán nuestras vidas o, en otras palabras, así se hacen los smes.

¿Que la mamá de Daniel anda corriendo para llegar a recogerlo a él y a sus amigos?
¿Que la mamá de Daniel no pudo recogerlo porque se fue a correr con sus amigos?
¿Cómo que Daniel se tuvo que ir corriendo porque cachó a su mamá cogiéndose a sus amigos?

í de fácil ocurren las más grandes tragedias de nuestros tiem- s. Ahora con la tecnología, por ejemplo, con los mensajes de to en todas sus variantes, es infinitamente más fácil cometer tipo de errores.

Él: —¡VOY A VER EL FUT Y LUEGO TE HABLO!
Ella: —¿De verdad tenías que gritarme para decirme eso?
Él: —Jajajaja.
Ella: —¿Jajaja, qué güey? ¿Qué no sabes distinguir cuando realmente estoy enojada?
Él: —No, por mensaje de texto, no.
Ella: —Bueno, en lo que lo averiguas mejor no me hables ni después del fut.

de relación.

—Mira, la verdad es que no sé qué le ves. Ok, está g sabe, pero eso de estar ligando con edecanes que parec anoréxicas, no está padre… —comentó Lola, feliz de nc que ser ella quien empezara la plática.

—¿Que parecían… qué? —apenas resopló Elisa.

—Sí, *mamushkas* o *matrioskas* o lo que sea. Y eso de chándolo decir que iba a poblar el este de Europa con r de ojos azules, tampoco es muy encantador… ¿Sabes a refiero…? —Lola estaba tan entrada en el discurso que chó a Elisa decir:

—Sí, creo que sí, lo sé, pero…

—Pero nada mi'ja, la verdad es que me parece un p que hasta a mí me hubiera tirado la onda de no ser por me preguntó de dónde era.

—¿Y qué te dijo cuando le contestaste? —la verdad pudo evitar la pregunta. Este dolor sabía demasiado ricc portable, y Elisa seguía sintiéndolo. Al menos así sabía qu viva; era como si quisiera ver a sus propios demonios a luego hacerles el amor. ¿Qué carajos estaba pasando po enferma? Necesitaba hablar con Sebastián.

—Me preguntó si te conocía, y cuando le dije que é como que se puso muy nervioso. Yo creo que le *cayó el* yo ya sabía todo, pero le prometí que no iba a contarte que yo cumplía mis promesas. Bueno, con los míos, y a ti te te iba a contar todo, aunque duela. Yo sé, hermosa, ¿perc qué están las amigas?

No, pues sí. Elisa casi podía escuchar la voz de Seba: dole: *Ya que no te aguantaste el morbo, créele sólo la mita dice, es sólo un chisme.*

Era verdad, sólo era un chisme, ya lo vería personalm semanas, lo miraría a los ojos y enseguida sabría la verdac tana…

La reina chismosa

No. Éste no es un apartado para describir a ninguna conductora de ningún programa de radio, televisión o editora de revista. Y sí, sí estoy ardida porque los *ratings* y ventas en todos esos medios indican que quien está dispuesto a chismear sin vergüenza al aire, siempre acabará fregando en audiencia a quienes no lo practican.

Pero ni modo, cada quien hace lo que hace, y es una cosa por otra. Si usted es de los que siguen pensando que el periodismo de espectáculos es equivalente al chisme, es porque ha estado escuchando los programas equivocados (junto con la gran mayoría de la nación y del mundo).

Así que no. Aquí hablaremos de la persona que suele tener ese dudoso título de ser la Reina del Chisme en su comunidad (o rey de vez en cuando, pero esos reyes terminan siendo reinas la gran mayoría de las veces, de todos modos).

Esta persona suele tener acceso a todo y el cariño de nadie, no es respetada pero sí es temida; ha encontrado el verdadero nicho de su vida: alimentar al *monstruo comechismes*. ¿Lo único realmente bueno? Es más predecible que un oso polar en invierno.

Para ser una mujer moderna de nuestro mundo, que pretende triunfar en lo personal y lo profesional, siempre es una necesidad básica identificar al personaje que cumple esta función en nuestro círculo social, y neutralizarlo antes de que te haga daño.

Éstos son algunos consejos para lograrlo:

- **Falacias evidentes:** Una vez identificada (o) la perpetradora (or) hay que acercarse con cautela. Recuerden que todo su súper poder recae en su capacidad de ser al menos remotamente creíble. Aunque sus chismes estén plagados de mentirillas y verdades a medias, siempre suelen tener algún dejo de verdad identificable para que la gente lo acepte como hecho. Así que aquí la estrategia para desarmar a semejante enemiga(o): discretamente alimenta datos erróneos. *Por favor no le cuentes a nadie que ando con Roberto*, le dirás y te esperarás a que todo mundo esté al tanto de tu nuevo romance. Por eso, cuando llegues con Patricio a la fiesta de la oficina, todos la verán como un fracaso absoluto.

- **Úsalo para tu propio beneficio:** *Me muero de sueño porque anoche no dormí ni un minuto. Pasé toda lo noche en la oficina. ¿Qué? ¿Pero quién te dijo que el jefe estuvo aquí también? Óyeme, no. No me veas así, yo sería incapaz de... Bueno, creo que ya me cachaste, pero confío cien por ciento en ti. Además, sabes que nunca usaría lo que pasa en mi vida privada para hacer que corran a alguien, por más lata que me den en el trabajo. ¿Que si podría? Bueno, ya que somos amigas, y sólo entre tú y yo, claro que sí. Pero no lo haría a menos que me colmaran el plato. Gracias, como que se lo tenía que platicar a alguien.*

  Si al día siguiente no están todas tratándote como la princesa que siempre fuiste, entonces me como un zapato.

- **Confrontación directa:** Ésta bien podría ser la sugerencia más extraña del mundo, ¿qué tal si tan sólo llegas a donde esta la *Reina* y le pides su fuente de información respecto a lo que está diciendo de ti? Si te contesta en público que se lo dijo una *comadre*, entonces es mucho más probable que la gente te empiece a creer si les dices lo contrario. Recuerda que un problema que tiene nombre se encuentra en camino a ser solucionado. Si le cuelgas el cartel de *chismosa* a este simpático personaje enfrente de todos, su información perderá validez. Yo sé, muy poco ortodoxo, pero funciona.

Lo aprendido: el espejo

Esto es lo que logro concluir del chisme después de todo este recorrido por su anatomía y sus consecuencias:

- Llegó para quedarse, y llegó desde mucho antes de que el ser humano comenzara a registrar la historia.
- Es más fuerte que nosotras; nos guste o no, acabaremos practicándolo.
- No es un juego, es un asunto de poder y de subsistencia. Quien comprende esto acabará manejando bien las situaciones sociales que le rodean.
- Nos provoca placer, mucho placer.
- Si ya tenemos que hacer esto, más vale usarlo a nuestro favor, ¿no creen?

POR CIERTO...

- El Diccionario de la Real Academia Española de la Lengua, así define chisme: "Noticia verdadera o falsa, o comentario con que generalmente se pretende indisponer a unas personas con otras o se murmura de alguna".

- Si mi propuesta recién expuesta sobre cómo defenderse del chime no es suficiente, mejor vámonos a los clásicos, específicamente a Sócrates. Según cuentan, un hombre quería decirle algo respecto a uno de sus alumnos, pero el filosofo lo detuvo y le preguntó: "¿Te has asegurado absolutamente de que lo que me vas a decir es la verdad? ¿Lo que me vas a decir es algo bueno?" Y para rematar bien y bonito: "¿Estás dispuesto a decirme algo malo aunque no puedas asegurar que sea cierto?" La tercera: "¿Lo que me vas a decir me servirá?" Sí así siguen las lenguas viperinas es porque eran poderosas más allá de la razón.

- Antes de que Mark Zuckerberg inventara el Facebook existía el chismógrafo. Un cuaderno hecho para repartir información y opiniones sobre los compañeros de la escuela. Hay páginas de Internet que se dedican a hacer esto de modo masivo y constantemente son tumbadas por diversos grupos de autoridades. Siempre regresan.

- Un estudio de la Universidad del Noreste de Boston mostró cómo nuestro cerebro hace uso del chisme. Los investigadores descubrieron que, inconscientemente, nuestro sistema visual presta más atención a la cara de una persona sobre la que se han oído chismes negativos.

- Una investigación efectuada en Inglaterra señala que al menos 25% de las personas que utilizan herramientas como el Messenger, lo hacen para chismear.

- Leticia Salomón, socióloga y economista, investigadora del Departamento de Ciencias Sociales de la Universidad Nacional Autónoma de Honduras, concluyó en un artículo publicado en el 2002, que el chisme se nutre de "la ofensa, la calumnia, la vulgaridad, la intromisión en la vida privada y la degradación". Mmmmm… ¿en serio?

- Para algunos periodistas de espectáculos no hay nada más ofensivo que nos digan que nos dedicamos al *chisme*, mientras que otros celebran el hecho de que a eso se dedican.

CAPÍTULO 9

El puesto de la *mejor amiga*

Un verdadero amigo es el que entra
cuando todo el mundo acaba de salir.
Walter Winchell, periodista

Los 10 mandamientos de la amistad

1. Amarás a tu amiga sobre todas las cosas.
2. No le dirás a alguien *mejor amiga* en vano.
3. Santificarás el tiempo en el café.
4. No estorbarás cuando haya un hombre (apetecible) de por medio.
5. Estorbarás cuando haya un hombre (indeseable) haciendo su luchita.
6. No envidiarás.
7. Le dirás la verdad acerca de esos jeans (aunque te odie).
8. No levantarás falsos testimonios ni mentirás (sí, tal cual).
9. No juzgarás sus pensamientos y deseos impuros.
10. No codiciarás a su hombre.

Y que nos juntamos...

Desde los inmemoriales tiempos de *chócalas* y *córtalas*, uno de los contratos sociales más importantes de nuestras vidas, las alianzas entre mujeres son absolutamente necesarias para sobrevivir.

Por muchos años los estudios realizados acerca del estrés llegaban a la conclusión de que el ser humano sólo tenía dos salidas ante una situación extrema: pelear o huir.

Creo que no hay noche afuera de cualquier antro en que no podamos disfrutar de elegantísimas manifestaciones de estos hechos. Pero me queda más que claro que esos estudios se los hicieron nada más a hombres. Nosotras tenemos una solución mucho más certera: ir a tomarnos un café.

Varios estudios llevados a cabo en universidades como UCLA, aseguran que esto se debe a la oxitocina (hormona que se relaciona con la conducta maternal y algunos comportamientos sexuales), pero cualquiera de nosotras lo sabe sin necesidad de la ciencia; ante una crisis, nada como llamar a una comadre para encontrar la paz.

Son muchas las investigaciones que tocan el tema de la amistad entre mujeres para tratar de comprender sus razones. Éstas son algunas de las conclusiones más interesantes al respecto:

- No tener amigas puede ser tan malo para la salud como fumar o el sobrepeso.
- Las mujeres que se quedan viudas suelen sobrevivir mucho más tiempo cuando tienen un grupo de amigas constantes.
- Según lo aprendido en la Universidad de Flinders, en Australia, las mujeres con amigas viven 22% más que las que no las tienen.

Así que ni modo...

Resulta que estamos genéticamente predispuestas no sólo a juntarnos para interactuar sino a intercambiar información para alegrar nuestras neuronas. Las verdaderas amigas sí se sienten como *nuestro hogar*, ¿o no? Pocas horas tan placenteras como aquellas que pasamos juntas alrededor de una mesa. Aquí hasta el marido gay sabe que es territorio ajeno (aunque a veces sea requerido como la estrella invitada):

> *...entonces llegó a pedirme la renta, pero yo no había cobrado la quincena y decidí que a lo mejor si abría la puerta en mi bra...*
>
> *...Y tómala, que me pregunta dónde estuve anoche; yo obviamente no le iba a decir eso porque...*
>
> *...¡Azul! Llegué a la casa y la pinche blusa que se veía negra era azul, entonces regresé a la tienda y le dije a la vieja que...*

Aunque parezca que aquí nadie está escuchando a nadie, deben entender que todas estas conversaciones fueron perfectamente recibidas, entendidas y apreciadas por las demás. No nos molestamos en escuchar, competimos por meter la frase antes que la otra y subimos la voz para ser las dominantes, pero todas nos enteramos de todo. Es un talento que nosotras tenemos.

Sí. La amistad es algo hermoso, pero por más importante que sea, siempre acabamos haciendo cosas para ponerla en peligro.

LAS ETIQUETAMOS

Este vicio viene desde el patio de la escuela. Por algún motivo, en esa eterna competencia y búsqueda de alianzas, nos sentimos en la necesidad de garantizar que siempre habrá alguien de nuestro lado. Así que muy al estilo de la Gran Bretaña otorgamos el título nobiliario de *mejor amiga.*

Esta distinción supuestamente es de por vida e intransferible; hay pocos actos que una mujer pueda cometer que merezcan extirpar dicho honor que, una vez otorgado, hay una serie de responsabilidades y obligaciones que hay que cumplir (revisar los mandamientos). Sin embargo, como todas las cosas buenas de la vida, éste no es normalmente un asunto del todo fácil.

NO SIEMPRE LA APRECIAMOS

Habíamos quedado de vernos para comer. Yo me sentía realmente mal porque mis papás se estaban divorciando, pero en el momento que sonó el teléfono y supo que era un güey el que la buscaba, entonces me dejó botada.

¿Suena familiar? Todas hemos estado en ambos lados de esa moneda. Por eso lo podemos entender perfectamente, porque todas, o lo hemos hecho o nos hemos visto más que tentadas a hacerlo. Considerando que la amistad es una de las relaciones más importantes de nuestras vidas, solemos ser demasiado descuidadas con ella.

LOS CELOS

Se me ocurre que todas conocemos alguna historia donde los celos han arruinado amistades. Así que ahí les va una de la vida real a la inversa, sólo para que no digan que soy pura negatividad.

—Si quieres quedártelo, te juro que entiendo —éstas fueron las palabras de mi amiga Kelly cuando le comenté que había la posibilidad de ver a Dan en Nueva York. Ella lo había conocido primero en un viaje a la playa que hicimos juntas y me platicó de lo maravilloso que era el hombre. Yo sólo sonreí, pensando que habría mucho de dónde escoger para pasar un buen fin de semana, posteriormente conocí al susodicho.

Problemas serios... serios problemas. Éste sí era el tipo de hombre por el que dos amigas pueden dejarse de hablar. ¿De qué estoy hablando? Parecía ser el tipo de hombre por el que pudieron haberse declarado guerras si más mujeres hubieran dominado los antiguos imperios. Y para acabarla de amolar, el tipo estaba realmente interesado en mí. Pero hay reglas, ella había dicho *shot,* y con eso nadie se debe meter. El *shot* es sagrado.

Así que con todo el dolor de mi alma di un paso atrás y tristemente, para ambas, el tipo acabó pasando el fin de semana con alguien más, pero mantuvimos la comunicación y así fue como salió la invitación para verlo cuando fui de trabajo a su ciudad.

—¿De verdad no te molestaría que lo viera? —le pregunté. Había pasado horas de angustia hasta que me di cuenta de una cosa: teníamos que hablar del tema. Nuestra amistad era demasiado importante como para ponerla en peligro por algo así, y además se supone que una es lo suficientemente fuerte para soportarlo.

Debo decir que su respuesta me sacó las lágrimas. No cualquiera haría algo así de generoso, las dos habíamos superado la prueba. Nuestra amistad era más fuerte que un hombre. Al final de cuentas sí acabé cenando con Dan. Toda la noche le hablé de Kelly.

Esas mejores amigas

Así que una vez etiquetadas con el título de *mejor amiga* estamos listas para ir por la vida conquistándola juntas, pero no siempre es fácil, pues en el amor no siempre tomamos las decisiones correctas. A veces nos aferramos a alguien que nos hace daño sólo por costumbre o cariño; otras, esperamos demasiado y llegan a rompernos el corazón. Éstas, todas, son historias reales. Son historias de amor y desamor, sólo que entre amigas.

La otra

Ana no podía creer lo que estaba escuchando:

—Ana, te presento a Tania, mi *mejor amiga*.

—¿¡Tu qué!? —le respondió con tanto ímpetu, que sin querer le dio un violento jalón al velo de novia de Sofía.

¡Auch! —gritó la novia, al mismo tiempo que la tal Tania exclamó:

—¡Cuidado, se lo vas a tirar!

El tiempo pareció congelarse mientras que Ana trataba de controlar la ira que le invadía el estómago y, poco a poco, subía para apoderarse de su pecho y su respiración. Decidió ignorar la instrucción y la presencia de esa impostora para dirigirse a quien hasta hacía 25 segundos había considerado su *mejor amiga* en el mundo.

—No te entendí, Sofí, me pareció que dijiste *mejor amiga.*

—Sí —dijo sin inmutarse Sofía, mientras se arreglaba con ayuda de *la otra* el tocado de la cabeza—, desde primero de primaria, creo... o segundo, porque luego me fui a vivir a Aguascalientes, y fue cuando empezamos a mandarnos cartas para... nunca perder el contacto. Aunque a mí nunca me podrías perder, lo sabes —concluyeron ambas, disolviéndose en risas.

No, pues qué encanto, cuánto amor, cuánta historia, cuánta mierda... Pensó Ana.

—¿Así que desde entonces no se veían? —preguntó Ana en tono neutro. No entendía a qué hora le habían quitado el título de *mejor amiga.* Tampoco entendía por qué, siendo una mujer razonablemente cabrona y capaz, estaba reaccionando como esposa despechada ante la revelación.

—No lo entenderías, es algo muy especial. Sólo entre dos. Nos hemos visto pocas veces, pero siempre sabiendo que ahí estamos. Y obviamente hoy no podía faltar —dijo *la otra* dando un paso atrás para inspeccionar cómo había quedado la hermosa novia.

Obviamente, hija de las cincuenta mil perras... Se dijo Ana. El resto de la noche transcurrió en oscuros. Ana ni siquiera dudó en dejar la boda de su "alma gemela" para ir al cine cuando su amigo Tavo se lo propuso.

Años después, cuando todo parecía estar bien, Ana volvió a tener otras amigas. Volvió a salir con ellas, a platicar, a reír y hasta llorar, ¿pero otra *mejor amiga*? Eso nunca más. El episodio de *la otra* había dolido demasiado.

Todo fue porque te quiero

Ahí estaban las dos, viéndose frente a frente...

—¿Qué hiciste, Elena? —preguntó Liliana. La conocía demasiado bien, pero jamás se imaginó que lo que seguiría iba a cambiar su vida para siempre. Elena de pronto se soltó a llorar amarga y violentamente.

—Me tienes que perdonar. Eres la única persona en la vida que me quiere así como soy, y ahora ya la cagué, pero te juro que hoy lo arreglo. Yo lo arreglo.

En la prepa, Elena tenía la peor reputación de todas; en esa escuela de monjas a donde iban, eran oficialmente vírgenes y puras. Algunas tenían novio, pero nunca se les ocurriría ir más allá de un faje leve. Y si sí, pues primero muertas antes de que alguien se enterara.

Pero Elena no era precisamente la mujer más discreta de todas, y los niños con quienes había salido, pues mucho menos. Digamos que gustaban de comunicar sus proezas sexuales y el nombre de Elena aparecía en una alarmante cantidad de estas anécdotas. La consecuencia fue que las demás niñas se habían alejado de ella. Como si ser *puta* fuera un asunto contagioso.

Liliana no era como las demás. Ella tampoco era virgen pero la verdad de las cosas no había sido por gusto. Su novio, Enzo, quien era seis años mayor, le había insistido e insistido que *lo hicieran*. Ella realmente no quería, no se le antojaba y ni sabía qué carajos estaba haciendo. Hasta el momento se había salvado porque se negaba a ir a un hotel. No podía imaginarse el horror de apersonarse en un *lobby* de algún lugar donde alguien pudiera reconocerla y decirle a sus papás, y mucho menos hacer eso de lo que tanto se rumoraba, ir a uno de esos cuartuchos que rentan por hora y donde una cortina tapaba el coche para que nadie los cachara. Así que por esa razón, que él llamaba *pretexto*, se había salvado.

Pero una noche, Enzo le dijo:

—Te tengo una sorpresa —y la llevó al autocinema. La película era... Liliana no pudo recordar cuál era por más que lo intentó. De hecho, no podía recordar más cosas, excepto que Enzo la llevó a jugar boliche una vez que terminó de, hmmm... ¿hacerle el amor? ¿Se puede decir eso cuando el acto ocurre en un cine al aire libre?

—Te juro que todos podían darse cuenta de que ya no era virgen sólo de verme las nalgas cuando lanzaba la bola —le dijo Liliana a Elena entre algunas lágrimas que se le escapaban muy a su pesar a la mañana siguiente. Esto definitivamente no había ocurrido como ella hubiera soñado, pero al menos Elena le ofreció estas palabras de aliento:

—No pasa nada. Sólo es sexo. No te tienes que quedarte con él para siempre sólo porque se acostaron.

Ni dónde acostarnos, pensó Liliana, pero agradeció en el alma saber que alguien la comprendía. Esa plática ocurrió en el mismo café donde estaban ahora y, desde entonces, habían pasado tantas cosas... Parecía increíble pensar que sólo pasaron 11 meses.

Liliana se casó con Enzo porque pensó que estaba embarazada (imaginándose además que ya nadie iba a querer estar con ella). Al regresar de la luna de miel ella estaba desesperada. A los tres meses sabía que debía divorciarse. Enzo le prohibió seguir estudiando y violentamente le exigía que lo atendiera como "mujer que era". Hasta sus pastillas anticonceptivas le escondió en un par de ocasiones, y manifestó una rabia aterradora cuando descubrió que ella no iba a tener sexo sin protección. *Sólo tengo 17 años, no debo embarazarme todavía,* pensaba una y otra vez Liliana para recordarse por qué no tenía que ceder ante el enojo de su marido.

Al cuarto mes logró salir del departamento que compartían y regresó a casa de sus papás para empezar la universidad. En eso estaba, cuando llegó la llamada de Elena, quien le dijo que era urgente verla esa noche en el café de siempre.

—Enzo me llamó para hablarme de ti, y yo... bueno yo...

—...te acostaste con él —concluyó en broma Liliana, pero luego vio la mirada de Elena.

—¿Te acostaste con él? ¿En serio?

—...Ni siquiera me di cuenta de cómo pasó cuando ya estábamos... en el sofá o algo así.

—Te he escuchado mil veces contar esta historia, Elena. Pero el protagonista de tus aventuras sexuales nunca había sido mi marido... —dijo Liliana antes de que ambas cayeran en un profundo silencio.

De verdad era sorprendente lo tranquila que se sentía. Cierto, no le gustaba en absoluto lo que había pasado, pero por primera vez se dio cuenta de que no le importaba lo que Enzo hiciera. Franca y verdaderamente no le importaba un carajo.

Elena era otra historia. Sí, la había traicionado, pero no hizo nada que Liliana no le conociera bien. Cierto, todo estaba monumentalmente jodido, pero nada se sentía fuera de lugar. Volteó a ver a su amiga que lloraba y lloraba, y abrió la boca para decirle algo que la tranquilizara un poco cuando, casi de reojo, observó algo en la puerta de la cafetería.

Era Enzo, con unos globos en forma de corazón y un oso de peluche gigante. Se dirigió a ellas con paso seguro y una gran sonrisa.

—Elena me dijo que ibas a estar aquí. De hecho le pedí que te citara para poder verte. Tienes que escucharme, tenemos que sentarnos a hablar porque te amo, y tú y yo debemos... ¿Liliana? ¿A dónde vas...?

Liliana ya no estaba escuchando. No había nada que pudiera ni quisiera decir. Podía perdonar la infidelidad de su amiga, pero el hecho de que no la apoyara cuando estaba tratando de alejarse de Enzo para salvar su vida... sólo quedaba alejarse. Lo hizo a paso firme hasta que se subió a su coche, y por última vez volteó a ver los ventanales de *su café.*

Ahí estaban ellos, Enzo reclamando y Elena llorando. Sin darse cuenta, Liliana murmuró: *adiós.* Éste era el definitivo. De ambos. Por primera vez lo entendió. Prendió el motor y empezó a sonar a todo volumen "Don't Stop Me Now", de Queen. Pisó el acelerador y rápidamente se alejó de ahí. Pasaron pocos minutos para que se diera cuenta. Era libre. Éste era el mejor momento de su vida.

Bésame, pero no mucho

—Ok, pero no te enamores, güey —le dijo Adri a Jessica con una sonrisa enorme que siempre llegaba después del tercer *hidalgo* de Perlas Negras. Llevaban dos meses desde que entraron a la universidad, y seguían celebrando su nueva madurez con litros y litros de alcohol.

Pero esto no había pasado antes. Estaban jugando *Verdad o castigo* y Adri perdió.

—Quiero que te beses con Jessica —dictaminó Raúl, y a ambas les pareció la cosa más chistosa de la vida.

Adri ya había tenido algunos encuentros cercanos con otras mujeres en sus clases de actuación.

—...pero no soy lesbiana, güey, soy heteroflexible y libre —le comentó esa noche a Jessica, quien sólo se echó a reír. Una ocurrencia más de su *mejor amiga* que cambiaba de pasiones tan seguido como de calzones.

—Sí, como las jirafas... ¿sabías que ellas sí son bisexuales? Todo el tiempo. Nunca has visto a una jirafa *conflictuada* por su condición, ¿o sí?

—No, pues no —contestó entre risitas Jess, mientras se tapaba hasta el pecho en la cama que estaban compartiendo esa noche. Una noche como tantas, en la que una se había quedado a dormir en la casa de la otra desde que se hicieron *mejores amigas* a los siete años.

—Lo bueno es que yo no le hago a eso, porque si no ya no podría seguir invitándote a dormir —le dijo Jess, y de pronto se sintió extrañamente incómoda. Había cobrado conciencia que estaba compartiendo con alguien su cama, el espacio más íntimo de la vida.

—No, no tienes de qué preocuparte —le contestó muy segura Adri—. Tú no me gustas. (Qué alivio.)

Las dos rieron un poco más y luego el silencio de la noche. Pasaron unos seis o siete minutos hasta que de pronto se escuchó la muy indignada voz de Jessica.

—¿¡Y podrías explicarme por qué no!? —exclamó desde su más profunda y ofendida heterosexualidad.

El capítulo quedó en anécdota nocturna, y a lo que seguía.

Ahora estaban aquí, en plena fiesta y un poquito más que ebrias, rodeadas de amigos que reían y aplaudían la ocurrencia.

—No, ¿cómo me voy a enamorar de ti? —medio alcanzó a contestar Jessica instantes antes de sentir la boca de su amiga sobre la suya. Pensó que el chiste sólo duraría un instante y que con eso ganarían el reto, pero pasaron los segundos y ahí seguía. Ahora con la boca abierta y ella mucho más cerca, explorando un poco más. Y sí, le estaba acariciando el cabello. Estaba verdaderamente en problemas, porque pensó: *Esto no se siente mal en absoluto.*

Finalmente se separaron y se quedaron viendo una a la otra. Adri tenía esa cara que tan bien le conocía. Era la sonrisa de *me acabo de salir con la mía y nadie me va a decir que no pude.* De pronto Jessica perdió la noción de dónde estaba el suelo. Se levantó, e inestable alcanzó a decir:

—¿No que yo no te gustaba? —antes de salir corriendo a encerrarse en el baño, para no volver a salir hasta que estuviera segura de que nadie más quedaba despierto en esa casa.

Al día siguiente tenían clase de siete y no fue ninguna sorpresa ver que Adri no llegó. Casi nunca llegaba a esa clase, cruda o no. La de las nueve… Lo mismo. La de las 11, eso ya estaba un poco raro. ¿Dónde estaba su amiga?, se preguntaba mientras caminaba por su café de mediodía. Y esta vez agregaría unos chilaquiles muy picosos. Los necesitaba. Necesitaba algo mucho más fuerte que un simple madrazo calórico, pero en una escuela de los Legionarios de Cristo no lo iba a encontrar (por lo menos oficialmente).

—¡Güey!, ¿qué pedo con eso de no despertarme, cabrona? —escuchó la dulce voz de su amiga surgir desde un nutrido grupo de personas—. Estoy taaaaan cruda… creo que sigo peda. No me acuerdo de nada. ¡Nada después de las siete de la noche!

—¿De nada? —respondió débilmente Jessica, acercándose.

—Absolutamente nada. Y tú tampoco, ¿o sí? —contestó firme y clara Adri, viéndola directamente a los ojos. Ahí estaba todo.

—Eh... No. De nada.

La orden estaba girada y la crisis en proceso de ser desactivada con la herramienta más antigua de todos los tiempos: era hora de hacerse pendejas. De ahí se fueron a clase. Todo iba a estar bien.

Pequeños grandes actos de amistad

A veces parecen poca cosa hasta que nos ponemos a pensar ¿por qué habría de hacer esto por mí esta mujer con quien no tengo ningún lazo de sangre? Si lo pensamos sólo un ratito podemos acabar conmovidas hasta las lágrimas. Suelen ser detalles aparentemente insignificantes, pero que al final del día te dan a entender que realmente no estás sola en esta vida.

—Y tú, ¿a qué te dedicas? —le preguntó mi amiga Kelly a mi ex el otro día que los presenté en un evento.

Kelly sabía perfectamente a qué se dedicaba. Ella conoce todo acerca de mi vida, incluyendo el hecho de que éste es un hombre a quien siempre querré y al que nunca más debo acercarme si lo que quiero es sobrevivir. También está consciente de que el ego de este compadre es tan enorme que era un verdadero milagro que todos cupiéramos en el mismo cuarto. La *inocente* pregunta era como un golpe certero.

—Más o menos a lo mismo que Susana —contestó sin perder el estilo, pero yo sabía: Kelly estaba de mi lado al cien por ciento. Y estaba dispuesta a usar su fantástico talento para el *mal* para defenderme ante cualquier adversidad real o imaginaria.

Tampoco temió ni tantito decirme la verdad: *Si algún día vuelves con él, yo te rompo tu madre antes de que él pueda.* Tiene que haber alguien en tu vida que te diga esas cosas. Aunque no siempre le hagas caso.

- *Nunca llores por un hombre... que él llore por ti.*
- *Ya no le marques.*
- *Ese pantalón blanco apretado... nunca, nena, nunca.*
- *Di no al tiempo libre, te da demasiadas oportunidades para pensar pendejadas.*
- *¿De verdad es necesario el sexto taco al pastor?*
- *Que te pongas un bra tan grande no aumenta la talla de tu busto, ¿eh?*
- *Que te valga madres.*
- *¿Ya averiguaste si está casado?*
- *Deja de voltear a verlo, carajo.*
- *¡Tíratelo!*

Sabias palabras, a veces ignoradas, pero siempre necesarias de oír. Lo más gracioso es que cuando la situación es a la inversa, y nos toca ser las consejeras, acabamos proponiendo exactamente lo mismo que nosotras no hicimos.

Sharon

Hay amistades que siempre te acompañarán durante la vida. Hay gente que siempre ha estado ahí y sabes que cuando seas una anciana ahí seguirán, regresándote a la infancia y recordándote que ellas sí saben quién eres. Hay quienes simplemente son *los tuyos*.

Eso era Sharon para mí. Desde que tengo uso de razón ella estuvo ahí. Nos tocó crecer juntas y nos íbamos encontrando en todo momento y en toda situación. La primera vez que la recuerdo debíamos haber tenido seis años y corríamos por los pasillos del templo de nuestra comunidad, súper aburridas ante cualquier intento por impartirnos clases de religión, y muertas de la risa porque estresábamos a todo mundo con nuestra hiperactividad.

Después estuvimos en un grupo de jóvenes que íbamos a mil campamentos y descubrimos juntas por primera vez el poder (para bien y para mal) del sexo opuesto. Nunca voy a olvidar un día que nos estábamos cambiando de ropa en la casa de campaña, como a los 13 años, y ella se volteó para preguntarme: *¿Me veo gorda, verdad?*

De pronto se escuchó una voz masculina, medio *neandertalesca*, que desde afuera contestó: *Tú no estás gorda, Sharon, tú estás buena.*

No hay palabras para describir nuestros gritos. Salimos de ahí para descubrir que un niño llamado Asaf nos estaba espiando por un hoyito en la tela de la casa. Pobre tipo, hasta la fecha debe dolerle nuestro desquite. Sí, ahí donde *no les platiqué.* Me pregunto si le habremos arruinado la posibilidad de tener hijos.

Sharon realmente no estaba gorda. De hecho, con el pasar de los años, se puso cada vez más ridículamente hermosa. Y todos esos años los pasamos juntas, siendo el perfecto cliché de amigas y rivales. Nos hablábamos por todo. Competíamos por todo. No hubo día en el patio del recreo que no me hiciera retorcerme del coraje porque me pedía una mordida de mi sagrado chocolate Barnone. Siempre se comía como la mitad. Me ponía realmente mal. Ella reía. Y así, con la comida, con nuestros logros y hasta con uno o dos hombres pasamos toda nuestra adolescencia y varios años más. Auténticamente nos amábamos y nos odiábamos. Éramos demasiado parecidas y por completo distintas. Pronto quedó claro que del grupo de amigas con las que crecimos, éramos las dos perfectas locas. Nos encantaba.

Sharon fue asesinada poco después de cumplir los 29 años.

A todas se nos trató de esconder la verdad sobre cómo ocurrió la tragedia, veníamos de un mundo muy protegido. Los detalles eran incomprensibles por completo. Devastadores. Era otro México, no estábamos acostumbradas a cosas así, pero yo ya trabajaba en un noticiero, y me tocó recibir la información en la redacción. Hablaban de su muerte como si fuera una noticia impactante más. Una noticia. Era mi amiga.

La última vez que la vi fuimos a platicar a un sushi con Perla, Diana y Jenny, el grupo de amigas (hermanas) de siempre. En esos días yo andaba muy mal porque estaba por terminar una relación muy intensa. Ella llegó y me dijo esto, nunca se me va a olvidar:

> *No sé por qué motivo de la vida tú y yo acabamos de la greña. Te quiero mucho, demasiado para eso. Ha sido así, pero tienes que saber que voy a estar contigo, siempre, ¿ok?*

Le dije lo mismo y las dos lloramos, nos abrazamos. Cuando nos despedimos ese día, jamás me hubiera imaginado que sería por última vez. Que la siguiente noticia sería la de su desaparición... la de su muerte.

Ya pasó mucho tiempo sin ella, pero honestamente puedo decir que siempre, en cada momento feliz y extremo que he vivido desde entonces, de pronto aparece Sharon en mi mente. Esto era para las dos. Nos tocaba vivirlo juntas. Así era el diseño. Desde entonces no hay alegría en mi vida sin que la recuerde y le dedique un poquito de esa felicidad. Es lo que me queda para realmente hacerle justicia a lo que fuimos. Me gusta pensar que ella estaría contenta de saberlo.

Lo aprendido

- La relación con una amiga es una de las cosas más importantes que vamos a tener en nuestras vidas. Hay que protegerlas sobre todo.
- A veces, las amigas son más difíciles que las relaciones con los hombres, y por algún motivo no siempre peleamos por ellas como deberíamos hacerlo. Hagámoslo, no hay nada más importante.

- No es necesario ponerle la etiqueta de *mejor amiga* para que lo sea, pero asumir el título implica privilegios y responsabilidades que, si se traicionan, entonces es difícil convencerte de que eres un buen ser humano.
- También hay que saber decir *hasta aquí*. Cuando la *mejor amiga* hace daño, pues es una versión femenina del *me pega porque me quiere*.
- Y la más importante y repetida de todas las lecciones: nunca, nunca, nunca pedalees la bicicleta de tu amiga. Hombres hay muchos (aunque a veces no parezca así), amigas de verdad, son extraordinariamente difíciles de encontrar.

POR CIERTO...

- Después de tener la oportunidad de platicar con las mujeres de *Sex and the City*, todas coincidieron en que el éxito de los libros y de la serie radica en esto: *Las mujeres llegan atraídas por las historias de sexo, pero se quedan por la amistad entre ellas*.

- *Si los hombres supieran las cosas de las que realmente hablamos cuando estamos solas, simplemente no podrían manejarlo. Las mujeres juntas somos mucho más rudas de lo que ellos jamás imaginaron.* Estas palabras me las dijo Cameron Díaz, a quien me tocó también entrevistar los mismos días que estaba escribiendo este capítulo. Tiene más razón de lo que me conviene admitir.

- Se ha confirmado en varios estudios que el no socializar es equivalente a ser alcohólico, fumar 15 cigarros al día, no hacer ejercicio y es dos veces más dañino que la obesidad.

- Según conclusiones del antropólogo y biólogo evolutivo Robin Dunbar, cuando nos enamoramos perdemos un promedio de dos amigos. En 1992, el mismo Dunbar postuló que podemos tener como máximo 150 conexiones sociales sólidas, ya que ésta es la capacidad del neocórtex para tratar con nuestros semejantes.

- Las amistades ayudan a que la gente de la tercera edad viva más años; está confirmado que, para esto en particular, son todavía más importantes que las relaciones familiares. Durante diez años se realizó un seguimiento a mil 477 personas mayores de 70 años para determinar la influencia de las relaciones sociales en su longevidad. Se descubrió que los ancianos que tienen más amigos prolongan su vida un 22 por ciento.

- Investigadores del Instituto de Neurobiología de la UNAM, usando imágenes de resonancia magnética funcional, encontraron que la reacción del cerebro frente a imágenes o situaciones de sufrimiento es más intensa en mujeres que en hombres. Es decir, somos más empáticas.

CAPÍTULO 10

Mis pastillas

La realidad es una muleta para aquellos
que no pueden lidiar con las drogas.
Lily Tomlin, actriz y comediante

Mi generación creció empastillada. No, no lo hicimos por placer, lo hicimos porque en algún momento de los años setenta *alguien* decidió que la hiperactividad, la distracción y la inteligencia eran males que tenían que ser controlados.

Si en segundo de primaria no podías quedarte sentada escuchando una clase súper aburrida, eso significaba que eras *una niña problema*, y por lo tanto había que actuar de inmediato porque si no acabarías siendo una drogadicta de esquina, arruinada y triste.

Así que decidieron convertirnos en drogadictos de farmacia, con todo bajo control... y tristes.

Yo provengo de una generación a la que nos dijeron que la felicidad era inalcanzable con nuestros propios recursos, pero que no nos preocupáramos porque seguramente existía una pastilla para llenar cualquier vacío existencial que nos aquejara esa semana.

La receta

—No, no me quiso diagnosticar. Dijo que para qué ponerle título a lo que tenía. Pero sí me mandó a comprar todo esto. ¿Me acompañas?

Eso fue lo que Maya le dijo a su novio Alexis al enseñarle su receta y, desde entonces, nada volvió a ser igual. Eran tiempos difíciles para los dos. Él se quedó sin trabajo, y a ella cada vez le iba mejor en el suyo. Los dos eran escritores de televisión, pero él se dedicaba a los guiones de comedia, y ella a redactar noticias.

Por supuesto que en estos tiempos la risa era un asunto secundario, y entre tantas matanzas y elecciones, Maya estaba más ocupada que nunca; por lo tanto, desde que Alexis recibió esa tarde la noticia de su despido, las cosas se fueron gradualmente para abajo en su relación.

—Maya, ¿eres tú? —le preguntó Alexis desde la recámara donde la estaba esperando. Maya entró al cuarto y lo vio felizmente instalado rodeado de *Bluerays*, palomitas de microondas y varias cervezas.

—¿Pues sí, quién más iba a ser? —le contestó mirándolo extrañada. Era miércoles en la tarde, y se habían quedado de ver para comer, pero él parecía estar más que puesto para pasar *echándola* en la cama como si fuera una tarde dominguera.

—Ven, acuéstate aquí. ¿Qué crees? Sacaron el programa del aire, ya no tengo chamba. Pero no te agobies, algo saldrá.

Pasaron seis meses y no había salido nada. Maya se vio en la necesidad de cubrir horas extras, lo que significaba que tenía que seguir contando muertos y más muertos. Y ahora en la madrugada, para el *noti* de la mañana. Estaba tan cansada que el día que le ofrecieron una pastilla de cafeína para mantenerse despierta ni lo pensó, aunque éstas pronto dejaron de funcionar, por lo que acudió al doctor. Necesitaba ayuda. Ya no podía con la carga; ya no podía con tener que decirle al país cuántas personas amanecieron acribilladas la noche anterior, los horarios interminables, los malditos políticos baratos y corruptos y, sobre todas las cosas, no podía con el *bolsón* que amaba pero que al parecer ahora le tocaba mantener.

—¿Qué quieres que haga? Quitaron la barra de comedia de todas las televisoras. No hay chamba en ningún lado.

Esa tarde en la farmacia, Maya entregó sus recetas a la encargada, quien al viejo estilo de *el joven quiere un condón,* dijo con voz ridículamente alta:

—Éstos son medicamentos controlados. Me tengo que quedar con sus datos y las recetas.

Gracias. Ahora todos lo sabían. Maya miró alrededor, y se dio cuenta de que a nadie parecía importarle, pero de todos modos salió de ahí avergonzada hasta la muerte, aunque eso sí, con su bolsita llena de *pequeñas píldoras de la felicidad* listas para enfrentar la vida.

—Tafil para la angustia, Rivotril para los ataques de pánico, Prozac para la depresión, Stillnox por si no puedo dormir y Ritalín para despertarme —le explicó esa tarde a Alexis, quien la miraba con preocupación.

—¿En serio? ¿Todo eso? Pero se supone que no tienes nada. Sólo estás agobiada por la chamba, Maya. Es normal.

Por supuesto eso era lo último que ella quería escuchar. ¿Qué demonios le pasaba a Alexis? No ayudaba en nada. De un golpe decisivo, Maya se aventó el coctelito, al rato se quedó dormida. Estaba totalmente agotada.

Cuando despertó todo se sentía ligeramente mejor, estaba mucho más en paz. No se sentía realmente contenta, pero no le pareció tan desesperante la idea de ir a su habitual jornada nocturna de trabajo. Cuando le llegó el multihomicidio de la noche sólo encogió los hombros. No podía sufrir por todo en esta vida.

Así fueron pasando los días y poco a poco fue dándose cuenta de que podía operar mucho mejor. También se percató de que si se tomaba la pastilla para dormir un poco antes de la hora habitual, se ponía muy creativa, y comenzó a escribir hasta poesía y ficción. Y más. De hecho, no tenía idea de cuánto más, hasta que un día llegó a la redacción en la madrugada y su editor, Bruno, le dijo:

—La respuesta es sí, sólo espera a que se vayan los del turno de la tarde. En la noche nadie tiene llave de mi cabina y ya la hicimos...

—¿De qué estará hablando este orate? —se preguntó intrigada. Algo muy adentro de su cabeza le preocupaba y le excitaba, pero no estaba segura de qué era. Con el transcurrir de las horas esa preocupación se volvió una pequeña angustia, así que escarbó en su bolsa para encontrar el Tafil, el cual, por supuesto, se aventó con un Red Bull bajo en calorías.

Ya por ahí de las dos de la mañana, Maya iba flotando y redactando con la naturalidad de un sueño. De repente, Bruno la llamó para revisar una nota, y no lo dudó, él cerró la puerta detrás de ella, la tomó de la cintura, la apretó contra su cuerpo y empezó a besarla y a tocarla; ella por fin dijo:

—¡¿Eh?! ¿Qué carajos estás haciendo, Bruno?

El editor pausó sorprendido por un momento, pero al darse cuenta de que Maya lo seguía besando prosiguió, y siguió y siguió hasta que acabaron enredados en el piso de la sala de edición a medio vestir. De pronto a Maya le vino una imagen de la pantalla de su celular donde ella estaba escribiendo la noche anterior:

—¿Y no te aburres ahí tantas horas en la cabina? ¿No te sientes solo?

—Sí, mucho. Acompáñame mañana...

—Y si te acompaño, ¿qué crees que podría pasar?

—Lo que tú quieras... ¿alguna propuesta?

Alguna propuesta... Sí. Maldita sea. Todo este episodio había sido idea de Maya. Sí, una Maya muy, pero muy intoxicada por las pastillas para dormir, pero ella de todas maneras. Había *sexteado* con Bruno toda la noche, mientras Alexis dormía a su lado; y ahora había cogido con Bruno, mientras Alexis la esperaba en casa. Malditas pastillas.

Benditas pastillas, pensó al día siguiente. Ella no tenía la culpa de lo que había hecho bajo su influencia. *Técnicamente no fui infiel, porque no estaba en mis cinco sentidos*, se dijo. Cuando llegó la culpa, pues un buen *rivotrilazo* podía con ésta.

La solución estaba ahí, en sus pastillas. Toda emoción no invitada se iba tan rápido como llegaba, sólo con ingerir una de sus amiguitas mágicas; todo desvelo y cansancio se curaban con otra; cualquier pleito con Alexis se borraba durmiendo, para lo cual, por supuesto, había otra pastillita. Y así se la siguió, completamente arropada por su amigo el doctor que le estaba ayudando a superar sus problemas. Cita por cita. Receta por receta.

Una mañana despertó después de dos horas de sueño, y decidió ver el noticiario que había escrito unas cuantas horas antes. Prendió la tele, tomó el periódico del día, se aventó su Ritalín y su Prozac mañaneros, y se dispuso a ver...

Anoche en Guanajuato hubo una matanza en la Alhóndiga de Granaditas. Alexis Menéndez, alias el Pípila, es el presunto culpable y está siendo buscado por las autoridades federales...

¿Alexis? ¿Su Alexis? Eso no podía ser. De pronto un pánico frío... no, helado, invadió su cuerpo. Estiró la mano y buscó instintivamente una pastilla de Rivotril antes de poder continuar. Un momento antes de meterla a su boca se le cayó, porque sus manos temblaban de nervios y al rescatarla de entre las sábanas se dio cuenta de que no era el Rivotril sino el Stillnox. La que sirve para dormir. La que te hace alucinar cosas raras si te la tomas y no duermes. Estúpido pastillero, estaba todo revuelto, y entonces lo entendió todo.

Un nuevo escalofrío recorrió su espalda al darse cuenta de que ayer había pasado horas riendo con Bruno, quejándose de Alexis y escribiendo el guión del *teleprompter* que leerían los conductores del noticiario la mañana siguiente. Escribió todo en un estado totalmente alterado, de emociones y de conciencia...

¿¡Anoche yo qué!? —le preguntó Alexis, quien salió del baño casi desnudo de no ser por la toalla que apenas se sostenía en su cintura, aterrado tras escuchar su nombre en el noticiario de su mujer.

—Creo que anoche... tú... Alexis, ayúdame por favor —dijo Maya antes de aventar las pastillas al piso y soltarse a llorar.

Ese día empezó de nuevo todo, sin trabajo, sin pastillas, sin Alexis. Desde cero. Bueno, al menos le dejaron el Tafil y el Rivotril, para emergencias. No esperaban que lo hiciera completamente sola, ¿o sí?

Síndrome premenstrual (SPM)

En el siglo XIX doctores europeos se referían a este momento del mes como la locura menstrual.

Hay pocas cosas en esta vida que merezcan más su propia pastilla que el síndrome premenstrual. Mientras que algunas mujeres naturalmente libran ese obstáculo con elegancia y grandeza, a otras nos tumba la delicadeza y la razón, y lo peor es que por años y años resultó políticamente incorrecto siquiera aceptar esto por varios motivos:

- Era darle herramientas a los hombres que no querían considerarnos iguales en el terreno laboral.
- Implicaba aceptar que somos vulnerables cuando debemos ser rudas.
- La moralidad y las buenas conciencias no permitían que habláramos abiertamente de algo tan dramático y horroroso como nuestro ciclo menstrual.

De hecho, desde el siglo XIX, hay registros en las cortes británicas respecto a mujeres que han usado exitosamente el síndrome premenstrual como defensa legal por actos violentos.

En Estados Unidos, el primer caso donde se intentó llevar a cabo esta defensa fue en 1966 (Reid *vs.* Florida), y luego en 1982 (El pueblo *vs.* Santos, en Brooklyn). Ninguno de los dos fue ganado, no sentaron precedentes legales, aunque sí lo hicieron en términos sociales.

Hay cosas que nunca haremos siendo mujeres ambiciosas de hoy (pero deberíamos):

- Decirle a nuestro jefe que nos debemos tomar el día porque el síndrome premenstrual nos tiene fregadas por completo. Hoy en día resulta más aceptable admitir que estamos *crudas* por una alta ingesta de alcohol, que por este fenómeno natural.

- Admitir que en esos días en verdad estamos razonablemente poseídas; tener un plan de acción para dejar que el cerebro, y no nuestras hormonas, se ocupen de las decisiones y reacciones.

- Consentirnos un rato. Hacernos bolita, tomarnos un té caliente o meternos a una tina. Pedir que nos quieran. Eso no nos hace menos capaces y rudas a la hora de los trancazos.

Hace poco tiempo, la agencia de publicidad dedicada a anunciar la leche en Estados Unidos decidió dar a conocer un comercial diferente a los que acostumbran. Querían resaltar el hecho de que varios estudios aseguraban que este lácteo ayudaba a mitigar algunos síntomas del SPM. Así que pusieron a varios hombres a correr desesperados por los supermercados y las calles llevándose todos los cartones de leche que pudieran encontrar. En sus caras se notaba la angustia de tener que enfrentar otro de estos periodos sin algún tipo de ayuda.

El día que lanzaron al aire dicho comercial casi fueron crucificados. Miles y miles de correos electrónicos y *tweets* invadieron furiosos sus canales de comunicación. ¡Oh sí!, en la cultura de lo políticamente correcto, es absolutamente reprobable atreverse a sugerir que las mujeres aterrorizamos a nuestros hombres en ciertos momentos del mes (lo hacemos).

Algunas nos reímos mucho con el comercial (aunque seguramente no estábamos premenstruales cuando lo vimos). El caso es que tan rápido como apareció se fue de la pantalla. A fin de cuentas, aun en Estados Unidos, quienes más leche compran siguen siendo las mujeres, y el comercial iba a hacer más daño que bien a las ventas. Aunque sospecho que compartir ese dato también resulta ser políticamente incorrecto.

Así que el problema que de por sí tenemos cada tres semanas y media (aproximadamente), se vuelve todavía peor porque es imposible comentarlo, utilizarlo o reír de él sin generar reacciones adversas.

Pero, ¿qué creen? Eso no va a hacer que desaparezca.

Por fortuna, en una gran mayoría de los casos premenstruales la pastilla correcta sí logrará ese efecto deseado, al menos con los peores síntomas.

Gracias a ello ya podemos decir respecto al SPM: *Sí, ¿y qué?* Nada tiene por qué detenernos ahora.

Buscando la magia

Podemos culpar a *The Matrix*, a los infomerciales o a la industria farmacéutica, pero la verdad es que somos nosotras las que queremos encontrar una solución instantánea y sin esfuerzo a nuestros peores problemas.

Por décadas y décadas hemos tratado de atribuir la solución a todas esas cosas que necesitamos, a nuestras pastillas. Esperamos sobresalir y sobrevivir sólo con el esfuerzo de tragarlas, y por eso estamos dispuestas a suspender la razón y creer en todas éstas... estúpidas promesas:

- Nunca serás vieja.
- Cura el cáncer... y las arrugas.
- No es adictiva.
- Te va a gustar.
- Bajar de peso sin moverte del sillón ni para agarrar las garnachas.
- Si falla nos casamos.

Todas estas cosas tienen que ver con lo que más deseamos. Evitar o posponer la muerte, acabar milagrosamente con las enfermedades, ser bellas, deseables, y sobre todas las cosas: amadas. No. Eso nunca lo vamos a encontrar en una sustancia activa.

Yo no tomo las drogas. Yo soy las drogas.
Salvador Dalí

Elisa y Sebastián:

—Es que si existiera una pastilla que pudiera tomarme para olvidar que él me importa, entonces no estaría tan nerviosa de irme a Montana y topármelo —dijo Elisa a Sebastián, mientras trataba de alcanzarlo en los pasillos de la megafarmacia donde llevaban media hora buscando al pastillero perfecto.

Sebastián era un hombre alto, demasiado alto, y seguirle el paso no era asunto fácil para alguien de estatura normal.

—*Ni siquiera lo pienses. Hermosa, ni siquiera en la literatura ni en el cine funciona la pastilla mágica que lo arregle todo. ¿Qué le pasó al de* Eterno resplandor de una mente sin recuerdos? *¿¡Qué!?...* —le dijo Sebastián sin detenerse.

—¿Qué? —resopló Elisa. No tenía la menor idea, pero no sonaba nada prometedor—. ¿Me podrías explicar por qué si sabes tanto acerca del daño que causan las pastillas, me tienes corriendo detrás de ti para encontrar el mejor pastillero de todos los tiempos, güey?

—Sí, sí puedo. Es mucho más fácil decirle a alguien qué hacer, que hacer lo mismo por uno.

Se quedaron viendo por un instante armando la conexión. Elisa de pronto se dio cuenta, llevaban meses y meses sólo hablando de ella y su romance (¿imaginario?) con Jason. ¿Qué había en todo esto para Sebastián, su mejor amigo, su guía, su comadre?

—¡Ahí está! —gritó repentinamente Sebastián, alterando a varias señoras que con placidez iban empujando su carrito. Y sí, ahí estaba. Perfecto, enorme y esperándolo: el receptáculo de todas sus esperanzas.

—¿No te preocupa que está demasiado grande? No le vayas a hacer como yo con la bolsa. Siempre encuentro con qué llenarlo, entre más enorme más cosas cargo.

Pero no cabía la menor duda. El pastillero perfecto quería decir que eras el ciudadano perfectamente adaptado a estos tiempos. Los dos sabían que se lo llevaría, aunque tuviera que llenarlo con... Dios nos libre... suplementos vitamínicos.

—¿Lista para Montana, hermosa? —preguntó Sebastián, mientras le daba una caja de condones.

No, no lo estaba. Ahora sí iba a tener que enfrentar la realidad; si veía a este hombre, y él no reaccionaba como ella soñaba, entonces quería decir que todo había estado en su cabeza... y en su Blackberry... y en su Facebook.

—Ya casi... ¿pero qué tal si vamos por algún tipo de calmante? ¿Sabes si venden té de tila en forma de pastilla?

"Bajarás siete kilos en cinco días"

No estoy exagerando. Cualquiera que haya visto un infomercial sabe que ésas son promesas que nos hacen sin la menor vergüenza, porque conocen perfectamente dónde está el mercado. Una mujer que está *echadota* viendo una y otra vez los mismos programas malos de televisión, sin duda tiene un profundo vacío en su vida.

Ya lo sé, esto es bien feo decirlo y tan políticamente incorrecto como el demonio, pero no pensemos como amigas complacientes y consoladoras por un momento, ¿sale? Vámonos hasta dentro de las horribles entrañas de esas agencias de publicidad dedicadas a analizar nuestras inseguridades y debilidades para rellenarlas con cascajo comercial.

No creo que su intención sea que sólo consumamos esa chatarra, seguramente si tuvieran algo extraordinario también nos lo venderían... Nos venderían a su madre si se las compráramos, pero les sale mucho más barato manufacturar ilusiones. Lo que me parece milagroso respecto a estos productos es que les sigamos creyendo. Pero lo hacemos.

Sin la menor duda, en todo el mundo donde la televisión y la radio comercial prevalezcan, habrá cosas como ésta. Así suenan los programas radiofónicos más escuchados por las mujeres de nuestro país, 47% de su tiempo.

(Léase con tono de *tengo una infinita flojera*)

LO QUE DICEN

Amigas. Todas sabemos que después de los 25 años nuestro cuerpo deja de generar esas sustancias que nos tienen bellas y bonitas, pero si se toman la magic pill*, entonces podemos engañar a nuestro metabolismo para que siga quemando grasa y continuemos esbeltas, comamos lo que comamos.*

LO QUE PIENSAN

No puedo creer la hueva que me da leer esto otra vez, y no tengo la menor intención de hacer como que me interesa, pero por algún motivo estas personas siguen metiéndole lana a mi programa y yo de pendeja que me dejo de forrar los bolsillos si ellos me quieren aventar dinero.

LO QUE SE ESCUCHA

Sí, soy tu fiel compañera y amiga en la radio aunque estés gorda. Yo nunca te mentiría, y como compartimos un gusto obsesivo por las vidas de los demás, también estamos unidas en esta búsqueda que te hará bella y perfecta con sólo tomarte la pastillita.

LO QUE PIENSA EL PUBLICISTA

Mientras esta ñora siga siendo radioescucha de esta cosa, seguro cabe en el target *de quien no tiene la menor posibilidad de superarse en la vida por modo propio, por lo cual seguramente querrá comprar mi porquería.*

Y esas son sólo las pastillas. Nos falta entrarle a la venta de gel, tenis, hielos, magnetos y las terapias. Eso merece su propio capítulo. Y lo tendrá a continuación, se llama: "Báscula *jija* de Satán".

Lo aprendido

- Las pastillas han llegado como protagonistas en un mundo donde queremos absolutamente todo de manera inmediata.
- No debemos encariñarnos con nuestras pastillas. Son amigas pasajeras que llegan, ayudan y se van. Si se quedan, pronto te estarán recetando otra que entre para atrapar a la anterior.
- Bendita sea la pastilla correcta en el momento correcto (del mes).
- Cuando hablamos de la dependencia, no se trata nada más de cuestiones farmacológicas. Es hermoso pensar que algo que podemos cargar en nuestra bolsa es capaz de hacer todo por nosotras.
- Mi marido gay me asegura que se puede dar cuenta hasta de cuando me tomé una aspirina. Le creo.

POR CIERTO...

- En 1994, una muy joven autora llamada Elizabeth Wurtzel ayudó a definir a toda su generación con su libro *Nación Prozac*. La depresión y sus *remedios* quedó documentada como modo de vida y punto de partida social debido a su obra.

- Hay miles de películas y obras que tratan el tema de la dependencia a las pastillas, una de las más aclamadas fue sin duda *Réquiem por un sueño*, de Darren Aronofsky. Con su estreno el año 2000 comenzó el nuevo siglo cinematográfico, y se refleja cómo es que la desesperación por bajar de peso puede llevarnos a los más profundos horrores psíquiátricos.

- Si de suicidio se trata, se ha constatado que las mujeres optan por los fármacos y las sustancias tóxicas, mientras que los hombres tienden a despedidas más dramáticas como aventarse de algún edificio o de plano recurrir a una pistola.

- Varios doctores con quienes platiqué para escribir este capítulo me aseguraron que en muchas ocasiones han tenido que explicarle a los pacientes que no existe una píldora mágica para nada. La que más les piden suele ser para bajar de peso; también seguido les piden una pastilla que les ayude a... dejar su adicción a las pastillas.

CAPÍTULO 11

Báscula *jija* de Satán

Nunca nos arrepentimos de haber comido demasiado poco.
Thomas Jefferson, presidente

Ya de una vez

Bajé mucho de peso hace algunos años. Durante todo este proceso no logré entender qué es lo que tiene el tema de la obesidad que hace que personas perfectamente educadas y discretas te acosen y te hostiguen para que les reveles cosas demasiado íntimas.

Mi relación con mi propio cuerpo, y lo que hago con él, siempre me ha parecido uno de los asuntos más personales del mundo. Si estás invitado a compartir eso conmigo es porque te amo y confío en ti. No, no amo ni confió en la señora que me gritó *cabrona* en la calle porque no le revelé el *secreto mágico* que ella juraba que yo tengo.

¿Saben por qué esta señora pensaba eso?

No te hagas. Sales en la tele. A ustedes les dan cosas que a las personas normales no...

¡Wow! ¿Por dónde empezar siquiera? Tratando de seguir esta línea de pensamiento me quedó muy claro que hay gente que piensa que...

a) Por el hecho de trabajar en los medios de comunicación todos somos parte del mismo club de amigos que nos juntamos en una cueva secreta para reírnos de todos los demás que no fueron requeridos. Están convencidos de que todos nos conocemos y rendimos tributo a un mismo dios con cara de *empresario maldito* que nos ha dado el elixir del saber eterno con la condición de que nunca revelemos el secreto de la fraternidad.

b) Las cámaras de televisión procesan nuestras almas de tal manera que dejamos de ser seres humanos normales para convertirnos en proyecciones de cualquier cosa que convenga ver.

c) Hemos firmando un contrato social que nos obliga a ceder cualquier parte de nuestra existencia a quien sea que haya hecho el enorme mérito de oprimir el botón de *encender* su control remoto.

Pero la conclusión final fue que el tema del peso es uno tan doloroso y difícil para tantas personas, que hace que la gente olvide cualquier convención social. Uno no va por la vida exigiéndole información como ésta a los extraños:

- *¿Me podrías decir qué hiciste para comprarte ese coche?, porque es obvio que no eres de una clase social superior a la mía, y no me imagino qué pudiste haber hecho para merecerlo. ¿Algo ilegal?*
- *Es evidente que ése no es tu color natural de pelo, ¿por qué lo haces? ¿Te gustaría que pensemos que eres de Eslovaquia? Porque no pareces, ¿eh?*

¿Pero el peso? El peso es otro asunto. Pasamos demasiado tiempo pensando obsesivamente cómo eliminarlo de nuestras vidas y, por lo tanto, asumimos que todos pensamos lo mismo. Ni siquiera vislumbramos cómo suenan los comentarios que nos hacen. Por ejemplo, a mí siempre me caen con el encantador:

Te ves mucho más flaca en persona que en la tele.

Uta... pues muchas gracias. Pero no me puedo enojar, aunque lo que esté escuchando sea: *En tu chamba pareces un tonel,* porque sé que tratan de ser amables y halagarme. Otra de mis preguntas favoritas en ese rubro, suena así:

¿Es cierto que la cámara de televisión engorda siete kilos?, me preguntaban muy seguido en los tiempos de mi nada amigable índice alto de grasa corporal. Mi respuesta habitual:

No sé, te juro que sólo me comí dos cámaras. ¿A poco ya se me notan en el trasero?

Sí, utilizamos ese antiguo recurso de defendernos con humor o con agresión o con lo que tengamos a la mano. Aunque a mí me ocurrió de manera masiva porque tenía un programa diario en mis peores momentos de sobrepeso, estoy segura de que a cualquiera que haya vivido un cambio así, le sucede todo el tiempo.

Ése fue el proceso por el que yo pasé; tardé más de tres años en llegar a mi peso actual y ya llevo un tiempo manteniéndolo (aunque sé que será una batalla de toda mi vida). Sin embargo, no hay día en que alguien no me diga: *¡Cómo bajaste de peso!*

La verdad quisiera que ya lo superaran. Ya pasó. Hay cosas que considero mucho más interesantes de mí.

Ah, pero cómo he aprendido...

Me veo gorda, ¿verdad?

El otro día entré al baño de un restaurante y vi que una señora estaba parada ahí, frente al lavabo, estorbando el paso. Me urgía entrar a hacer lo mío y ella no parecía estarse moviendo, así que le pregunté:

—¿Está esperando?

La señora volteó a verme con mirada asesina y me contestó con una voz verdaderamente dolida:

—No, sólo estoy gorda.

Rocío, estudiante

¿Se acuerdan de esa pregunta tan molesta que luego nos hacen los señores? Sí, la del número de hombres con los que nos hemos acostado. Pues ellos tienen una que nosotras les hacemos constantemente, y que los altera muchísimo más:

Mi amor, ¿me veo gorda?

No se hagan. Aunque pesen 48 kilos seguramente alguna vez se han descubierto a sí mismas torturando a un plácido macho que, de pronto, se ve como venadito atrapado frente a las luces de un tráiler que se abalanza contra él. Hay muy pocas reacciones posibles para salir bien librado de esta repentina crisis. Consulté con muchos, muchos hombres, y éstas son las respuestas más comunes a la pregunta del terror:

- *Grito: ¡Fuego…! Y salgo corriendo de ahí.*
- *A mi mamá le digo la verdad, a mi hermana le cambio el tema, a mi mujer sólo la abrazo.*
- *Nos hacemos de… ejem…* la vista gorda.
- *¿Gorda, tú? Naaaah…*
- *No dices nada que pueda ser usado en tu contra. Así que no abres la boca.*
- *No eres tú, mi amor. Es ese vestido que no te hace justicia.*
- *Tú te quieres ver gorda. Yo te veo hermosa.*
- *No, claro que no te ves gorda.*
- *Miento. Y sin culpa.*
- *Mi amor, tú sabes que los hombres no nos damos cuenta de esas cosas.*
- *Si lo que quiero es una tarde tranquila sin que nadie me dirija la palabra, le digo que sí.*
- *Huyo… con la mirada, con las patas, con lo que pueda.*

¿Quedó claro? Lo peor es que sabemos perfectamente la fuerza destructiva que estamos desencadenando en el universo cada vez que lo preguntamos, pero algo muy primario en nuestras entrañas se activa cuando sentimos ligeramente apretados esos jeans. Nuestro instinto de supervivencia muta, y requiere que alguien nos engañe para poder salir adelante. Lo peor es que en nuestros cerebros queda una parte de razón que se da cuenta y nos advierte sobre lo que estamos haciendo, pero de todos modos no nos podemos detener.

Sabemos que no hay respuesta correcta. En mi caso, por ejemplo, el único que me ha podido controlar cuando me encuentro en ese estado es mi marido gay. El hombre es un brillante manipulador de mentes, pero eso no nos detiene una y otra vez para vivir todo tipo de variaciones de esta rutina.

Yo: *—¿Me veo gorda?*
Él: *—¿Estás gorda?*
Yo: *—No, ya no estoy gorda. Pero me siento gorda.*
Él: *—¿Por qué te sientes gorda, si no estás gorda?*
Yo: *—¿No me piensas contestar, carajo?*
Él: *—¿Cuándo fue la última vez que te contesté esa pregunta?*
Yo: *—Nunca.*
Él: *—¿Y crees que desde entonces me volví un idiota?*
Yo: *—Claro que no.*
Él: *—¿Entonces, hasta cuándo crees que te voy a contestar si te ves gorda?*
Yo: *—Nunca.*
Él: *—Hasta que nos entendemos.*

Precaución, caballeros de la preferencia heterosexual. No es ni remotamente conveniente intentar la maniobra recién descrita en casa y con sus mujeres. Mi marido gay me puede decir cosas que harían que la casa ardiera en llamas si salieran de la boca de mi novio. Lo siento, es simplemente la naturaleza del juego. Y además hasta mi marido gay flaqueó un día. No, no me contestó la maldita pregunta, pero sí me regaló un espejo de cuerpo completo para que dejara de joder. ¡Perra!

Encontrando a la *perfecta Bastarda*

Todas las mujeres tenemos una relación complicada con nuestra báscula. Es exactamente igual a la amiga que nos dice que se nos ve del demonio ese pantalón de licra, pero a diferencia de ella, la báscula es prácticamente imposible de chantajear o intimidar. Si le dejas de hablar un par de semanas, pues le vale madres. Sigue y seguirá haciendo lo que hace... y ya.

He tenido aproximadamente el mismo número de básculas que de relaciones amorosas en mi vida y, francamente, en retrospectiva, en la mayoría de los casos me acuerdo con más emoción de ellas que de ellos.

Es que viéndolo objetivamente, la mayoría de las interacciones humanas con esos hombres tenían mucho más que ver con ellos que conmigo. En cambio, cada momento arriba de esos aparatos aterradores acabaron marcando las horas en que me atreví a confrontar mis temores y por fin motivarme para levantarme de mi propio trasero, y hacer algo.

La verdad es que sí he tenido relaciones con cada una de mis básculas, al grado que hasta nombre les puse:

- El Armatoste
- La Mujercita
- Dolores
- La Parlante
- La Científica
- Mi Nintendo
- La Bastarda

EL ARMATOSTE:

Es increíble, pero casi cuatro décadas después, el Armatoste sigue ahí. Le tengo particular cariño a esta antigua báscula que está en el baño de mujeres de mi deportivo, porque me recuerda los últimos días inocentes de mi existir, cuando podía treparme a uno de estos aparatos sin temer ni recordar el resultado.

Es una de esas enormes básculas de dos metros, que si te la hubieras topado en una farmacia a finales de los años setenta, habrías buscado un *veinte* para echarle en la ranurita. Todas corríamos emocionadas para subirnos en él. Claro, 14, 20, 30 kilos. ¿Qué nos podía preocupar en la vida?

Me acuerdo el primer día que el Armatoste mostró su espíritu vengativo; creo que estaba enojado porque lo habíamos olvidado por un rato. Fue ese breve y dulce periodo en la vida de toda mujer que una se encuentra entre la fascinación de que una máquina le diga algo respecto a ella misma, y no querer saber el resultado.

Creo que tenía 16 años cuando pasando por ahí, vi a mi viejo y olvidado amigo, y decidí subir a saludar. La respuesta fue como la de un amante herido:

—¿¡Sesenta y ocho kilos!? —dijo con exclamación de horror una señora que iba pasando. Ése es el peligro de las básculas públicas.

—¿Es mucho 68 kilos? —le pregunté inocente.

—Bueno —se compadeció de mí—, igual es porque no te quitaste la ropa. ¿Ya desayunaste? Eso siempre altera el resultado. ¿O te va a bajar? Eso puede aumentar hasta tres kilos de golpe —me dijo iniciándome en una de esas adicciones que desde la primera vez que la conoces te domina para siempre.

Nunca más me he podido pesar sin quitarme la ropa, ver el calendario de mis ciclos y después de desayunar. Y tampoco he podido ver al Armatoste con ese cariño que le tenía. Es como un novio al que alguna vez quise mucho pero me lastimó tanto, que aunque todavía lo veo de vez en cuando, ahora soy su amiga con cautela, de lejecitos.

LA MUJERCITA:

Pero no le digas a nadie. No sé por qué seguimos usando esta frase. No importa quién sea a quien se la digas, lo que ellos escucharán es: *Esta información viene con restricciones, no le digas a quien me la dijo que te dije.* Es de esperarse que para cuando la información llegue a la tercera persona de dicha cadena, ya no se sepa si era secreto o no.

Cuando me bajó, por supuesto que ése fue el caso. ¡Qué enorme secreto! Pero bueno, es que no fue fácil para mí ser la primera mujer de la humanidad entera que tuviera que pasar por eso de la menstruación. Por lo menos eso parecía ser el asunto para todos a mi alrededor. Recibí comentarios tan profundos como:

- *Ya no eres una niña.* (Sí lo era y lo seguiría siendo por mucho tiempo más.)
- *Felicidades.* (Uta ma...)
- *Bienvenida al club.*
- Y el estelar: *Ahora sí te vas a tener que cuidar.* (¿De qué carajos? ¿A poco pensaban que estaba teniendo sexo a los 12?)

No, no se referían sólo a que ya me podía embarazar, eso estaba bastante lejos de mi mente y posibilidades en ese momento de la vida. Hablaban de algo que comprendí esa mañana cuando entré al baño que compartía con mis hermanos.

Ahí, en todo su esplendor: una báscula rosa con un enorme moño rojo. (Sí, rojo por la menstruación, qué poca imaginación.)

—¿Qué no la vas a estrenar? —me dijeron muy emocionadas mi mamá y mi tía, quienes habían aparecido de sorpresa en la puerta del baño.

—No me pienso desnudar frente a ustedes —dije con toda dignidad, cubriéndome los pechos que ni siquiera habían acabado de debutar en todo su esplendor. Las reglas impuestas por el Armatoste no se iban a olvidar simplemente porque sí.

Además, lloriqueé:

—¡Mamá! Ya sabes, ¡por qué te encargaste de informarle a la humanidad entera que me está bajando! No me puedo pesar cuando estoy así.

Wow. Mi mamá me echó su habitual mirada que es como una mezcla de, *¿dónde sacará sus ideas esta loca?* y *¿qué hice yo para merecer a la niña más ingrata del mundo?*, y se fue a tomar café con mi tía.

Así, me quedé yo sola con ella... mirando... escudriñando. Era la báscula que simbolizaba que yo era toda *una mujercita*. Me retó con toda su dulzura rosa. Ahora la tentación de que algo me dijera lo mal que yo estaba la tenía en mi propia casa. Sabía que éste era el principio de una relación masoquista, deliciosa y cruel.

El mensaje fue doloroso pero necesario. Ahora sí me iba a tener que aprender a cuidar, pero de la verdad. Los números son los números, aunque vengan en un paquete color rosa.

DOLORES:

Llegó a mi vida después de que tuve uno de esos momentos de acelere y revelación. Creo que a todas nos ha pasado alguna vez, ¿o no? De pronto, la canción o película perfecta nos llega en el momento perfecto y nos encontramos como enajenadas tirando las cosas que nos sobran en nuestro cuarto, listas para empezar una vida nueva donde el mundo entero nos verá por primera vez como lo que somos: unas chingonas.

Una de las primeras cosas que se fueron fue la Mujercita. No eran tiempos para tratar de ver la vida color de rosa. Si no duele no sirve, y así es como llegó Dolores al lugar de honor en mi baño.

¿Alguna vez han tenido una amiga que se encuentre en la etapa de, *como te quiero voy a ser honesta*, y se la pasa días enteros diciéndote las cosas más horribles del mundo? Pues ésa era Dolores. Les juro que casi casi la podía escuchar decir:

Ojalá que hayas gozado ese pastel de queso como si fuera buen sexo, porque si sigues comiendo así, lo único que vas a tener entre las piernas es la celulitis.

¿O qué tal ésta?:

¿En serio te estás poniendo esos pantalones negros con la esperanza de que no se te vea el tamaño de tu trasero?, por favor. ¿Qué no recuerdas el numerito que te acabo de dar? ¿No me digas que piensas que estás reteniendo agua otra vez? ¿En serio? ¿¡Siete litros de agua!?

Dolores era fea, era sufrida (como su nombre indica) y estorbaba horrible. Cada vez que me subía en ella hacía ruiditos de esfuerzo y agonía. Sacudía y sacudía su flechita hasta que por fin se decidía en un número (generalmente, no en el que yo quería). Una de cada tres veces que salía de mi regadera, me estrellaba algún dedo del pie contra ella. Era demasiado grande para mi bañito, pero exacta y de uso rudo, y en mi momento de maniaca inspiración, me decía: *Eso, que duela para que no se te olvide lo que quieres conseguir.* Por completo idiota. Mi relación con Dolores era muy parecida a la de un hombre que me maltratara: *Me pega porque me quiere,* le decía a mi marido gay una y otra vez.

Dolores pasó a mejor vida un día después de que estuve dos semanas en régimen riguroso, sólo comiendo apio y queso panela asado. Corría todas las mañanas y hacía pilates antes de dormir. Yo no quería asomarme cerca de ella hasta que terminara mi misión de reconstrucción personal, porque le quería dar una linda sorpresa.

Así que una mañana, sintiéndome como la más ligera de las reinas de la primavera, le llegué de sorpresa. La quería agarrar desprevenida. Como acostumbraba, la flecha indicadora de Dolores comenzó a enloquecer.

Arriba, abajo, en medio y… *¡650 gramos arriba! ¡650 malditos, putos, gramos más que la última vez!*

Adiós Dolores. Mi marido gay no quiso tirarse al drama para acompañarme, pero todas mis amigas lo hicieron. Alrededor de varios frapuccinos con crema batida de 650 calorías cada uno, ellas me consolaban.

Cuando una hace ejercicio así, entonces el músculo se vuelve más pesado. Le tenías que haber explicado eso a tu báscula.

Demasiado tarde. Dolores ya no sufriría conmigo. Descansaba en paz en algún tiradero de basura muy lejos de aquí, donde ya no podría lastimar a nadie.

Después de eso, tardé años en volver a comprometerme con una sola báscula, dolía demasiado. Por eso tuve breves, turbios y hasta apasionados amoríos con varias, pero ninguno superó el mes y hoy ya no forman parte de mi vida.

LA PARLANTE:

Usted es una perfecta marrana que evidentemente no se quiere. Me decía todas las mañanas en voz alta mi aparato parlante. Bueno, no todas. A veces se ponía creativa e improvisaba cosas como: *¡Felicidades! ¿Gemelos o triates?* Ok, no. En realidad, lo que me decía era: *Usted pesa 78 kilos, 540 gramos.* Pero es lo mismo, ¿no? ¿Por qué demonios lo decía con tal satisfacción? Parecía gozarlo. La verdad es que escuchar una voz *semihumana* recitar mis fracasos en voz alta los hacía más reales. Tal vez si la hubiera tenido en los últimos años, cuando sí empecé a bajar de peso de verdad, la hubiera amado mucho. Tal vez me hubiera hecho fiestas y me hubiera cantado bellas odas a la vida esbelta si hubiera llegado cuando por fin aprendí a controlar mi problema. Pero no hay *hubiera* que valga. La parlante se fue de mi vida tan rápido como llegó.

LA CIENTÍFICA:

Qué buena memoria tenía esta maldita. Ya la conocen, ¿no? Es la eterna aguafiestas que cuando te subes en ella y ves que al fin bajaste de peso no tarda ni un instante en decirte: *¡Momentito!*

Sí bajaste, pero de músculo. La grasa se quedó igual. No celebres. Sólo eres más débil y más flácida. Uta madre... ¡Fuera!

MI NINTENDO:

Aunque no lo crean, aquí yo fui la cabrona. Era perfecto. Cuando empecé a hacer ejercicio en mi consola fue la primera vez que tuve control de la situación. Y sí, aunque el juguetito literalmente gemía de la angustia cuando me subía a su tabla para pesarme, lo hacía con humor. Entonces la gente me empezó a preguntar qué ejercicio estaba haciendo para bajar de peso, y les decía: *videojuegos*.

Algunas se enojaban, porque juraban que me estaba burlando. No fue todo lo que hice, pero definitivamente resultó una parte importante para empezar. Otros sólo se reían de mí, y me decían: *A ver si algún día se te quita lo adolescente.* (No va a ocurrir.) Finalmente me dejé intimidar y le paré. No tuve que tirar el aparato a la basura, como ocurrió con sus predecesores. Con sólo desconectarlo fue suficiente. ¿O a poco creen que hay poder humano que me haga entender cómo demonios volver a prender esa cosa?

Finalmente había explorado todas mis opciones. Había vivido rápido y furioso con todas ellas, pero ya era tiempo de dejar la promiscuidad atrás. Era hora de tener alguien estable, constante y confiable. Era hora de...

LA PERFECTA BASTARDA:

La llamo así de cariño. La perfecta Bastarda sabe en qué se metió, pero es tan sencilla y sólida que nunca se molesta ni se ofende cuando la trato como a las demás. Conoce su lugar en este mundo, y no me tiene que demostrar nada. Con paciencia me ha ido enseñando que si como de más, subo de peso, y que si no, pues no. Me explicó que pesarme con ropa realmente no hace más diferencia que 200 gramos, lo mismo que ir al baño o no. Y, en verdad, ¿a quién le importan 200 gramos? La Bastarda puede ser ruda y puede ser amable. Pero hay algo que he aprendido con ella que nunca supe con las demás: cuando insulto a mi báscula, en realidad me lo estoy diciendo a mí. Es mejor no darme motivos para hacerlo. Por fin la encontré.

Elisa y Sebastián

Caminando por el aeropuerto, Sebastián iba recitándole a Elisa otra vez las leyes para ser un hombre gay perfecto.

—Te tienes que cuidar. Siempre sal de ahí con tu dignidad intacta. Cuida tu corazón. No te sientas cul... ¿Sabes qué?, creo que aquí no está de más sí sentirte un poquito culpable. Si tú no te quieres, ¿quién lo va a hacer? ¿Por qué carajos te metes en estas situaciones, hermosa?

Elisa lo vio, parecía devastada. ¿Cómo que las reglas estaban cambiando? ¿Ahora? No había tiempo para asimilar lo que su mejor amigo le estaba diciendo antes de abordar ese avión. Tal vez fue por la cara de angustia que puso, porque Sebastián se compadeció de ella casi enseguida.

—Esto iba a pasar tarde o temprano, te lo ibas a encontrar en algún momento, ¿verdad?

—Sí —ella contestó con una voz muy bajita.

Sabía que su amigo tenía razón. Elisa iba camino a Montana a un viaje de trabajo, pero los dos sabían que ésta era una invitación que se hubiera ahorrado con singular alegría, de no ser porque Jason le dijo que estaría ahí. Sí, ese negro hermoso, de dos metros, que seis meses atrás sedujo a Elisa en Brasil, y quien la traía enamorada y estúpida desde entonces. Sí, ese hombre que le había hablado de tener hijos y luego desapareció. Sólo le regalaba de vez en cuando migajitas para no perder su atención por completo. Una tarde llegó este mensaje al *Twitter* de Elisa:

Realmente sí te extraño, pero soy tan malo con esto de las largas distancias...

Y eso fue más que suficiente para volver a activarle toda la maquinaria emocional que había logrado calmar durante los últimos días. Nada. Ni siquiera una promesa. Nada. *Ahí voy de nuevo,* pensó Elisa. Sebastián fue un poco menos filosófico y estaba privado del coraje, pero sabía que nada podía hacer.

Tampoco entendía por qué Elisa no se emocionaba igual cada vez que Javier, su amigo y potencial galán español, le escribía con evidente interés. Ahora los dos prospectos estarían en Montana, pero ella sólo parecía estar obsesionada con su *cabroncito afroamericano,* como gustaba llamarlo el marido gay.

Además Sebastián tenía otras cosas en qué pensar. ¡Se iba a casar! La decisión la había tomado con su novio Marco un domingo en la tarde. Cuando se dio cuenta de lo que él estaba a punto de proponerle, le dijo: *Espérame un segundo,* le marcó a Elisa, y la puso en el altavoz: *Escucha y no hagas ruido, hermosa,* le había dicho inútilmente. Los gritos de Elisa casi hicieron que Marco se arrepintiera de la propuesta sólo del susto. Sebastián colgó abruptamente, dejándola inmersa en una paralizante y muy confusa mezcla de todos estos pensamientos:

¿Cómo que se me casa mi marido gay? ¿Y yo qué? ¿No se supone que la que se tenía que casar primero (si es que lo hiciera alguna vez en la vida) tendría que ser yo? Necesito mi propio hombre, éste ya tiene al suyo. Oh, no. Ahora sí me quedé sola. Todas estas cosas pasaban por su cabeza. Pero en realidad sólo había una trascendental: *No me importa que ya no esté. Sólo quiero que sea feliz.* Un pensamiento hermoso que hubiera sido completamente incapaz de tener por un hombre heterosexual al que amara.

De pronto la voz de Sebastián la regresó a la realidad.

—Decirte que no te acuestes con él sería absurdo, porque igual lo vas a hacer —aseveró; a lo que Elisa respondió con una ráfaga de esperanza:

—¿Entonces entiendes?

—¡Claro que entiendo, güey! Entiendo que no te has acabado de dar en la cabeza contra la pared, y no vas a dejar de hacerlo hasta que ya no puedas ni levantarte. Lo he visto mil veces. Y si te tienes que echar al dichoso Jarrón…

—Jason.

—Jason pues, para entender que se ha comportado como un verdadero patán no te voy a detener. Quisiera hacerlo porque yo soy quien va a tener que pegar los pedacitos de Elisa que me regresen de Montana. Y créeme, hermosa, estoy demasiado ocupado como para tener tiempo para eso. Pero ni modo, te amo y aquí estoy y… ¿qué demonios te estás comiendo?, son las siete de la mañana.

—Ay, ni que me estuviera alcoholizando. Aunque debería… Sólo son cacahuates japoneses enchilados. Sabes que cuando estoy nerviosa me los como.

—Sí, bella, de a nueve calorías por cacahuate al ritmo que vas, tal vez termines tan obesa de aquí a Montana, que el tal Jarrón ya no quiera coger contigo —comentó Sebastián entre risas, las cuales sólo se incrementaron a nivel nuclear cuando vio la cara de Elisa.

—¿Me veo gorda, verdad? —aulló tratando de revisar su propio trasero inútilmente—. ¿Eso es lo que estás tratándome de insinuar?

Sebastián sólo le sonrió, no iba a caer en esa trampa, pero vio algo un poco más allá de la habitual inseguridad en su mejor amiga y, como acostumbra, se fue directo al grano.

—¿Estás de nuevo en tu etapa de *mejor me destruyo yo antes de que alguien lo haga por mí?* ¿Es eso? La verdad no sé si prefiero que lo hagas con cacahuates que con ese hombre. Por favor, Eli, cuídate. Tal vez no estaría mal que dejes de viajar tanto un rato. Quédate en México unos días y me ayudas a planear mi boda, ¿sale?

Era cierto. Elisa estaba súper agotada porque, ahora se daba cuenta, se había vuelto una adicta a las emociones fuertes. Si no era a este hombre, entonces sería a la tristeza de no tenerlo. Y si por mero instinto de supervivencia lograba recuperarse de ese drama, bueno… entonces podía comer, ¿no? Todo sea por rellenar ese miserable hueco existencial. De pronto, se detuvieron. Era el área de seguridad donde Sebastián ya no podía pasar a acompañarla. Tras separarse del abrazo, los dos se dieron cuenta de que estaban llorando.

—Elisita —le dijo suavemente Sebastián—. Por favor no sufras.

Ella lo vio y sonrío entre lágrimas. Tomó la botana que tenía guardada para controlar los nervios en el avión, y la aventó al bote de basura.

—¡Pero Sebastián, si lo hago tan bien!

Respecto al hombre con el que se iba a encontrar en este viaje, Elisa sabía exactamente qué era lo que tenía que hacer. Desafortunadamente, los dos sabían también que no lo haría.

Lo aprendido

- No importa si hay sobrepeso o no. Prácticamente todas las mujeres del mundo tienen algún descontento con su cuerpo, y han pasado por algún tipo de variante de las aventuras descritas en este capítulo.
- Aquí no hay milagros que funcionen. Hay ayuda médica. Pero al final del día sólo depende de ti, de tu genética y de tus hábitos. Punto.
- Vivimos muertas de hambre y no hablo sólo respecto a la comida.
- Si me quieres halagar, aunque creas que me estás haciendo un cumplido, no me digas *gordibuena*. Si me dices así ya perdiste hasta la más remota posibilidad conmigo.
- Nos encanta echarle la culpa de todo a la tiroides.

POR CIERTO...

- Las personas con más probabilidad de deprimirse son las que de bebés eran demasiado delgadas. También, aseguran científicos británicos y canadienses, es más probable que sufran ansiedad.

- Le atribuyo al maldito hábito de no sentarme a escribir este libro sin un café *latte* y una galletita de avena, los tres kilos que subí los últimos cuatro meses.

- Muchas marcas de ropa descubrieron que alterando las tallas de sus prendas lograrían que las mujeres compraran mucho más. Mientras que en la alta moda la tendencia sigue apuntando hacia la talla cero, las marcas que se venden masivamente están alterándolas para que una ocho de antes, ahora sea una seis. Cuando a una de nosotras nos queda una talla más pequeña nos emocionamos, y suele ser más probable que compremos el dichoso pantalón para celebrar nuestro ficticio adelgazamiento.

- Ha sido confirmado una y otra vez que es más peligroso para la salud subir y bajar de peso constantemente, que mantener un sobrepeso razonable de manera estable.

- La cantante y actriz Jennifer Hudson aseguró que se siente más orgullosa de haber bajado más de 30 kilos que de su Oscar.

- No sólo México debe preocuparse por tener índices de obesidad extraordinariamente altos en su población más pobre; aunque es por motivos y alimentación distinta, lo mismo pasa en Estados Unidos, donde las personas con más kilos extra son las que menos ingresos tienen.

- No dormir engorda. La Clínica Psiquiátrica Occidental de Pittsburgh concluyó que una hora menos de sueño durante el REM (fase del movimiento ocular rápido) altera los niveles hormonales que nos hacen más vulnerables al sobrepeso. Y claro, nos da más tiempo para comer.

CAPÍTULO 12

Ser puta es chido (y otras reconquistas)

¿Qué es el matrimonio más que prostitución con un solo hombre?
Ángela Carter, novelista

Las cosas por su nombre

Si de niña alguien me hubiera dicho el nombre de este capítulo seguramente me habría asustado. De hecho, recuerdo con una claridad perversa el primer día en mi vida que usé una *palabrota.* Iba bajando unas escaleras en la primaria cuando un niño pasó corriendo y me tiró. Todo salió volando. Mi loncherita de Parchis se rompió y mi cuaderno se ensució todo. Él, en vez de detenerse, volteó, le dio risa y se siguió.

¡Estúpido!, le grité con mi vocecita aguda, y luego caí de lleno en el primer ataque de pánico registrado en mi existencia. Apenas había empezado segundo de primaria y nunca antes había usado una palabra para deliberadamente insultar a nadie. Estaba convencida de que mi mundo había cambiado para siempre. Era el final de cierto tipo de inocencia.

Eso era cuando las palabras me asustaban. Ese niño sí era un estúpido y yo era una perfecta neurótica en miniatura, pero había sido entrenada para no decirle a las cosas por su nombre, y la satisfacción de por fin haberle contestado como se merecía a un perfecto *patancito* fue enormemente liberadora.

Así que decidí experimentar con las palabras. Las amaba y las quería usar todas. Utilicé muchas cuyo significado ni siquiera conocía. Comencé con cosas simples como *tonto* y *desgraciado,* pero al ver la falta de reacción que éstas provocaban decidí graduarme a lo que pensaba eran las grandes ligas.

Papá, ¿entonces estás diciendo que el presidente es un cabrón porque va a defender el peso como un perro?
¿Podrían decirle al señor doctor que deje de chingar con eso de que me toca la vacuna inyectada?
¿Quién escondió mi pinche muñeca?

Al principio mis disertaciones causaban gracia en la casa. Todo estaba siendo tomado con calma y prudencia didáctica, hasta que un día se me ocurrió soltar *la gran P.*

Mamá, ¿por qué mi tía siempre se viste como puta?

Ni vi venir la cachetada. Y fue la primera vez que mi mamá me dejó de hablar un día completo. Después de llorar como tres horas, mi estado mental cambió, estaba muy intrigada. No entendía qué había hecho mal, y me quedé con esa duda existencial por años y años.

Dos años después le pregunté a mi papá y respondió dándome *El laberinto de la soledad*, de Octavio Paz, pero eso no funcionó porque tres días antes me había dado *El Hobbit* y bueno, ya se imaginarán quién ganó en la mente de una preadolescente.

Un día, como a los 12, descubrí que existía el sexo y me *cayó el veinte*; las groserías que realmente podían alterar a la gente eran las que tenían que ver con el sexo.

¿Pero qué tenía de malo? Ya me había tocado *la plática* donde me explicaron que el sexo era de lo más normal y hermoso del mundo. También me habían dicho que las prostitutas eran mujeres muy, pero muy tristes, que simplemente no tuvieron las mismas oportunidades que yo en la vida, así que optaron por venderse ellas misma para sobrevivir. Lo sabía todo. Pero algo no cuadraba en todo esto, ¿por qué los ponía tan mal el tema?

Y luego muchos, muchos años después comprendí: el sexo nos puede volver locas. La falta de él, más; tratar de controlarlo: para el psiquiátrico. Pero por algún motivo no entendemos y seguimos haciendo el esfuerzo.

Lo que nunca imaginé fue que algún día me iban a tener ahí, discutiendo con un grupo de feministas recalcitrantes acerca del siguiente concepto:

La Marcha de las Putas

Yo: —A ver, explícame otra vez. ¿Según esto, ser puta es malo o es bueno?

Ella: —Depende. Si me lo dice él, es malo. Si me lo digo yo primero, es bueno.

Yo: —Ah... ya enten... no, no entiendo.

Ella: —Es muy sencillo. *No* es *no*.

Yo: —Claro que no es no. ¿Quién está discutiendo eso?

Ella: —Los hombres son nuestros enemigos. No podemos dejar que nos sigan maltratando de esa manera, por eso tomaremos las calles con la Marcha de las Putas. De todos modos nos van a decir así, mejor me lo digo yo primero.

Ok. Ya no le discutí mucho porque tenía miedo a que me pegara, pero es cierto. Hay *neandertales* para quienes las mujeres siempre seremos *putas*. Seamos quienes seamos. Si les decimos que *sí*, es por putas. Si les decimos que *no*, es por putas. No hay forma de ganar con ellos. Así que la idea de reconquistar la palabra no me pareció del todo mala. Ojalá lo hubieran hecho desde antes, así me hubiera ahorrado esa santa cachetada.

Pero entonces se me ocurrió preguntarle a otra *dama de la noche* qué opinaba de tal marcha.

—Realmente no tengo mucho qué decir. A mí nadie me invitó.

Nada de profesionales aquí, por favor. Lo cual es una pena. Muchas de estas mujeres podrían enseñarnos tantas cosas si tan sólo nos molestáramos en platicar con ellas.

¡No me digas prostituta!

Nunca le diría puta a una prostituta. No tengo la menor intención ni interés de ofenderla, pero así es el caso de todas las minorías, ellas ya se organizaron también para no permitir que con las palabras las hagamos menos.

Es en serio, el término correcto en estos días (por lo menos hasta que se publicó este libro) es *trabajadora del sexo*. Yo no tenía idea lo sensible y volátil que era esta materia hasta que se me ocurrió decir la palabra *prostituta* al aire en mi programa de radio. Éstas fueron sólo algunas de las respuestas que me llegaron.

- ¿Por qué crees que eres mejor que ellas?
- Si tú hubieras crecido en las circunstancias de ellas seguramente harías lo mismo.
- ¿Por qué la palabra tan despectiva? ¿Qué te hicieron?

De esto aprendí dos cosas muy importantes:

a) A veces nos lastimamos profundamente entre nosotros sin ni siquiera sospecharlo.
b) No tenía idea cuántas *prosti*... ejem... *trabajadoras del sexo* escuchan mi programa en las mañanas.

Lo último que quería era ofender a un sector tan trabajador de la sociedad mexicana, así que hice lo prudente y me comuniqué con la líder de su sindicato. Sí, tienen sindicato.

Ella me explicó que se querían deshacer de todas las palabras como *puta*, *casquivana*, *güila*, *piruja* y *prostituta* por dos motivos. Uno, porque dichos términos eran despectivos. Y dos, porque si querían organizarse y siquiera soñar con tener beneficios sociales como el seguro popular, debían empezar por el principio: generar una sensación de respeto por su profesión.

Wow. Siempre he tenido problemas con la neurosis de lo políticamente correcto, pero me convenció. Espero con ansia empática el día que tengan su seguro de gastos médicos y que puedan hacer marchas, bloqueos y campamentos en el centro de la ciudad de México con la bendición del jefe de gobierno. No puedo esperar a ver la cara de los hombres el día que vean las noticias y se enteren de que ellas emplazaron una huelga. Hermanas, ¡cuenten conmigo! En una de esas organizamos hasta a las esposas para que tampoco les den sexo de consolación a los señores. Desde que me enteré de todo esto, trato de no usar la palabra *prostituta* para referirme a ellas.

Bueno, pero no te enojes

Si usted es de las feministas recalcitrantes de las que hablaba hace unas páginas atrás, y me sigue leyendo en este momento, pues primero que nada: muchas felicidades, su paciencia y tolerancia han sido puestas a prueba, lo sé.

Honestamente creo que si queremos reconquistar esas palabras (y lo que implican) que tanto daño nos han hecho, el primer paso es tomarnos la vida con un poco más de ligereza.

Estamos tan enojadas con los hombres todo el tiempo, que luego se nos olvida amar a los que sí valen la pena.

¡Puto!

¡Puto! —le gritó mi marido gay al dueño del Jetta que se nos cerró en la calle, haciendo que casi perdiéramos el control del volante.

—¿Puto? ¿Tú le dijiste... puto? ¿¡Puto!? —pregunté intrigada.

—¿Qué tiene de malo? —me cuestionó.

—Pues, eh, ¿lo correcto hoy en día no es decir *gay*? —lo interrogué sorprendida.

—¿Por qué le habría de decir gay a ese puto que casi nos hace estrellarnos? ¿Yo cómo voy a saber si es gay?

—Ahhhh. ¿Se vale usar puto como insulto?

—¡Claro! —me respondió—. A menos que lo uses para llamarlo gay.

Ok. Sé que a estas alturas de la conversación cualquier macho heterosexual normal ya tendría humo saliéndole por la cabeza, pero eso está bien. Nosotras no somos las únicas que hemos tenido que reconquistar nuestras palabras.

Y entonces... fueron libres

Pues nos encontramos en esta curiosa encrucijada:

a) Las sexoservidoras rechazan la palabra *prostituta*.
b) Los gays se apoderan y hacen buen uso de la palabra *puto*.
c) Mujeres en todo el mundo corren a asistir a la Marcha de las Putas sin importar cuál sea su profesión.

Parece que estamos en tiempos de reconquista. Nadie va a permitir que las palabras y los actos crueles del pasado sean usados en su contra. Si nos ponemos a pensar un poco en este fenómeno, todo tiene que ver con que buscamos aceptación, no la exigimos.

Aunque está de moda, dudo que alguien esté buscando tolerancia. Si el de enfrente tiene que hacer un gran esfuerzo sólo para *tolerar* mi existencia, entonces no lo quiero enfrente de mí.

Pero hay que entender a los que están más confundidos con esta silenciosa revolución social: los hombres heterosexuales. Digo, hasta hace muy poco tiempo la gran mayoría de ellos fueron educados para creer que:

- Los que no piensan como tú son la gran minoría (error).

- Está bien que existan reglas diferentes para los hombres que para las mujeres (craso error).
- A la mujer realmente no le gusta el sexo tanto como a ti (equivocación de proporciones nucleares).

Para muchos de ellos la batalla librada y ganada por nuestra reconquista social y sexual llegó y les arruinó las vidas que ya tenían perfectamente planeadas, *sin decir ni agua va.*

Pero no seamos ingratas, hay muchos, muchos hombres que ya asumen la realidad: ni todas cabemos en el mismo molde (hay para todos), y si ellos están en esta vida para gozarla, pues nosotras también.

Elisa y Sebastián

—Vas, ni lo pienses dos veces, hazlo —le dijo Sebastián del otro lado de la línea a Elisa. Si no fuera tan patética su situación, ella misma estaría doblada de la risa en ese momento tan sólo de verse. En serio, ahí la tenían con pantalón café de gamuza, camisa de franela de cuadritos rojos, con botas y sombrero de *cowboy*, llorando como enajenada mientras hablaba en su celular.

El polvo del rancho en Montana le estaba causando alergias y apenas podía respirar. *No puedo llorar,* pensaba mientras moqueaba una y otra vez, tratando de dejar las lágrimas en otro lado sin perder el equilibrio de la bebida a la que se aferraba como si fuera la vida misma, *si sigo llorando y bebiendo así, me voy a ver más fea que un sapo con asma.*

Era demasiado tarde. Y sin Sebastián físicamente ahí para recordarle que era hermosa (y ayudarla a maquillarse), iba a ser difícil tomar una decisión, pero al menos estaba hablando con él.

Todo empezó bien. Durante el vuelo hasta Montana fue repitiéndose como mantra: *Cuando veas a Jason actúa como si no te importara.*

Relájate y no te dejes impresionar. Ni siquiera lo conoces bien, él simplemente llenó una necesidad cuando más lo requerías. Bla, bla, bla.

Sabía que la única razón por la que aceptó este endemoniado y ridículo viaje, era porque él le había asegurado que la vería ahí. ¿Qué cuernos podría recomendar a los lectores de su revista? ¿Ven a Montana a convivir con las vacas? Pero a él también lo habían invitado, y después de meses de sólo fantasear con verse, no podía decir que no.

Creo que es la primera vez en toda mi vida profesional que acepto un viaje que no puedo publicar en absoluto, le confesó bastante apenada a Sebastián.

Así que ahí estaba, y al llegar se puso a buscar a Jason sutilmente a su alrededor en las hectáreas y hectáreas que la rodeaban. Nada. En la noche, donde no pudo cenar porque sólo había trozos de vaca ahumada, tampoco lo vio. Ya no era tan sutil su búsqueda. *¿Alguien se ha topado al chavo afroamericano guapo de Portland, Oregón? ¿Nadie?*

Para la hora de los fuegos artificiales, casi a medianoche, sintió el teléfono vibrar desde su bolsa.

Primero muerta que apurarme a contestar, pensó al mismo tiempo que se daba cuenta de que se trataba de un mensaje instantáneo.

Diez... nueve... ocho... sie... ¡ay, ya! Hasta ahí aguantó, y olvidando su dignidad, sacó el aparato que seguía vibrando con varios mensajes.

Twing: —*¿Sí fuiste a Montana? A mí se me complicó. Lo siento.*

¿En serio? ¡¿En *chingadasuputamadre* serio!? Aquí la tenían en medio del *rancho grande a la gabacha* temblando, vestida como actriz rechazada de *Toy Story sobre hielo,* ¿y el güey no iba ni a venir?

En ese momento alcanzó la primera bebida que pasó por ahí. Algún tipo de whisky. Luego, la siguiente. Seguramente era ron. A la tercera ya no le importaba tanto identificar qué era, más que sentir su efecto anestesiante, cuando su teléfono volvió a vibrar.

Pero qué haces parada ahí tú en medio de la nada, tía. Ven con nosotros, era un mensaje de texto de Javier, su amigo español que la veía sonriendo desde el toro mecánico donde todos estaban formados para subir. Por un momento lo odió por haberle dado una esperanza falsa de que era Jason quien le hablaba, y luego se odió más a sí misma por ser tan imbécil.

Elisa logró sonreírle un poco, pero al levantar la mano para saludarlo, de pronto se paró frente a ella un *cowboy* hecho y derecho. Era alto, más bien enorme, con el pelo claro y la piel tostada y arrugada por el sol. No tenía más de 28 años. Olía a cuero con whisky, y no se veía ni mínimamente preocupado por estar invadiendo su espacio personal.

—¿Qué hace una vaquerita tan linda así de sola en un lugar como éste? —le dijo.

¡No!, pensó Elisa, teniendo que reír a pesar del dolor en su pecho. *Ni madres que hay gente que hable así. ¿Me desmayé y desperté en una mala película gringa?*

Estaba demasiado chistoso y ridículamente sexy. Comenzó a sentir cómo su cuerpo (ayudado por el alcohol) reaccionaba al de él, y eso le preocupaba mucho, así que cuando él prometió darle una clase privada de cómo dominar a un caballo en la madrugada, ella dudó. No parecía que John (hasta su nombre era un cliché) fuera del tipo que diera lecciones gratuitas sólo por el gusto de la equitación ranchera. Elisa aventó su largo cabello negro detrás de sus hombros, y lo que sí aceptó fue otra bebida. Cuando lo hizo, vio a Javier que la miraba fijamente desde el otro lado de la fiesta, con cara de preocupación, y probablemente un poco de tristeza. Ya no estaba segura de nada. Al mismo tiempo, ella se dio cuenta de que tenía opciones, muchas opciones. Y todas podían acabar con sexo esa noche. El pánico la inundó, y en ese momento sonó su celular.

—¿Qué pasa, hermosa? —Sebastián el psíquico. El único hombre que siempre estaría ahí. El único en quien podía confiar. Elisa se soltó a llorar con sólo oír su voz, y le indicó con la mano a John, el vaquero, que la esperara un momento mientras se alejaba unos pasos. La respuesta fue sí.

—Es que… No vino… sniff… Montana… Y un ranchero, sniff… guapo, quiere… pero yo, y está Javier… y yo… pero no puedo, ¿o sí puedo?

Nadie más en el mundo entero hubiera entendido un carajo a partir de esa conversación, pero Sebastián no era *nadie más en el mundo entero.*

—Hermosa, ¿te acuerdas cuando me dijiste que querías ser el *hombre gay perfecto*? —le preguntó.

—Sí —respondió.

—Te acuerdas cómo fallaste monumentalmente en esa cuesta? —le recordó tiernamente.

—Sí.

—Ok. ¿Cuántas te has tomado? ¿Cuatro? Ni una más, ¿ok? Te necesito funcional para lo que sigue —era increíble, el güey lo sabía todo—. ¿Crees que puedas dejar de lado los sentimientos y sólo permitirte gozar una noche? Porque no sé si ya te diste cuenta, pero tienes la trama de una muy buena película porno esperándote ahí al lado. ¿Estás lista? —le cuestionó—. Si eso me hubiera pasado a mí o a cualquier hombre gay que se respete, ya estaría en el establo con ese vaquero. Pero por el amor de Dios, sólo hazlo si me prometes que no te vas a enamorar, y que estás lista para que no te hable mañana —le suplicó.

—¿Y Javier? —le preguntó terminando de moquear y componiéndose. Era verdad, la situación estaba muy interesante, prometedora e interesante.

—¿Javier? ¿Quién? ¿El que conocí en Nueva York? Ni lo pienses. Estás muy vulnerable, y él no es para una sola noche. Ése es un hombre para tomarse en serio. Y luego no te quiero ver llorando en dirección a Madrid. El vaquero. Usa al vaquero.

Usa al vaquero. Wow. Pero…

—Sebastián… ¿eso no me convertiría oficialmente en una puta?

Aouugh. ¡Mujeres!, pensó frustrado Sebastián, pero a Elisa sólo le preguntó:

—¿Por qué? ¿Le piensas cobrar?

Con eso tuvo. Las carcajadas se apoderaron de ella por completo. Esto era ridículo y dolorosamente delicioso.

—Por supuesto que no le pienso cobrar, Sebastián —le contestó entre las risas, con toda la dignidad que empezaba a recuperar, mientras que al mismo tiempo le mandaba una sonrisa al vaquero que prometía todo lo que quería saber. Elisa alcanzó a ver cómo Javier, el español, se retiraba cabizbajo y rendido.

—Pues me parece perfecto que lo hagas por gusto y no por profesión, hermosa. Pero no olvides que en estos día ser puta es chido…

¿Edecán, yo…? ¡Gracias!

Hace un par de años salió al aire mi propio programa en la televisión abierta. Había tenido muchos programas antes, pero ninguno en el que yo estuviera sola frente a la cámara por media hora. Ninguno en horario estelar en la televisión nacional. Pero sobre todas las cosas, y esto fue lo importante para mí, ninguno en el que yo me sintiera a gusto y feliz de verme frente a la pantalla, sana y delgada.

Sí. Cuando bajé de peso llegaron algunas grandes oportunidades, pero honestamente no puedo decir que fueron las primeras. De hecho, hasta en mis peores momentos físicos, siempre tuve algún tipo de cámara frente a mí. Aparentemente, había logrado algo que parecía imposible en la televisión mexicana: estar ahí por lo que decía y sabía, y no por cómo me veía.

Mi transformación no tuvo nada que ver con querer ganarme esa pantalla, quería ganarme a mí misma, quería sentirme y verme bien, quería ser deseada. Así que el día que me dieron mi programa y llegué con la gente de vestuario, aparecí con la mente más abierta que nunca.

Queremos rating. *O sea, escote, más escote.* Me decía alguien de la producción. No me podía ofender. De hecho, me reía mucho. Era mi amigo y la verdad es que por primera vez me sentía a gusto mostrando mis atributos. No pensaba, por ningún motivo, que alguien prendería la televisión a las 10 de la noche para ver mi talla de *brassière.* Para eso, miles mejores que yo, y estaba convencida de que nuestros contenidos eran algo especial (todavía lo creo). Además, honestamente, los trapos que me proponían eran los mismos que me habría puesto yo todos los días si antes hubiera tenido el presupuesto, la talla y... el valor.

Así que salí con ropa bastante más entallada de lo que acostumbraba. Feliz de poder hacerlo por primera vez en la vida sin tener que sentir que había algo que esconder. Mi cuerpo ya no era mi enemigo, ¿por qué no sentirme orgullosa de él?

Al día siguiente, en mi programa de radio que hacía con mi amiga Pam, me llegó este muy agresivo mensaje de alguien del público:

Debería darte vergüenza salir así en la tele. ¡Pareces edecán!

Ok. Yo sé que debía haberme sentido muy ofendida e indignada ante tal declaración, pero no pude evitar más que decirle...

¿En serio?... ¿Edecán? ¿Yo?.... ¡Gracias! ¡Mil, mil gracias!

También se apuntó Pamela, una de las mujeres más hermosas que he conocido en mi vida, y quien decidió tomar el extraño camino de trabajar y pensar para ganarse un lugar en el medio televisivo, en vez de modelar; ella dijo:

¿Y yo... también puedo ser edecán?

La respuesta fue sí. Por supuesto. Después de tantos años de partirnos el lomo para tener una especie de reconocimiento intelectual, alguien nos estaba comparando con las chavas que venden su belleza y juventud a nivel profesional. ¿Cómo no nos íbamos a sentir súper halagadas? Si lo que el radioescucha buscaba era ofender, pues ése no era mi problema. Hasta la fecha se lo agradezco de todo corazón. Y por cierto, no pasa un día sin que alguien me pregunte: *¿Y cuándo volverás a trabajar con la otra edecán de la radio?* ¡Háganmela buena! Dijo la esperanza.

¿Con eso me insultas?

Recapitulando. Tal vez ha llegado el momento perfecto para quitarle el valor a la palabra *puta* y todos sus derivados. Imaginen ahí a cualquiera de esos tristes especímenes que han usado la palabrita en nuestra contra por tantos años. Ahora cierren los ojos y piensen en la cabeza del triste compadre desbordarse al escuchar: *Pues sí, me encanta el sexo. Y sí, no estás invitado a participar. Y sí, me puedes decir la* mil polvos, *la* chingada, disoluta, espatarrada, calientahuevos, libertina, ramera, meretriz, hurgamandera, suripanta, taconera, zorra, vampiresa *o* colipoterra. *No pasa nada. ¿Te gustó? Qué bueno, porque hasta ahí llegaste. Mi sexualidad es para que yo la goce. Tus prejuicios, para que tú los sufras. Y sigues sin estar invitado a participar.*

El control lo tengo yo. Eso es todo.

Lo aprendido

La próxima vez que estemos en una rica situación sexual nunca digamos *ay no,* para incrementar la emoción o la ilusión de que no estamos acostumbradas a esto. Puede ser un gran recurso para agregarle a la pasión, pero ellos no tienen la capacidad de distinguir un *no* de otro. Es un pequeño precio a pagar para quitarles pretextos a los patanes. Dejemos que el *no* siempre sea *no*.

La moralidad tiene que ver con no hacer daño. No con dejar de sentir rico.

POR CIERTO...

- *Escucha, baboso, yo escojo a quien me cojo* y *Escucha acosador, no me gusta el arrimón*, son dos de las frases más habituales de las mujeres que participan en la Marcha de las Putas, en todos los países de habla hispana donde se realiza.

- La Marcha de las Putas se originó en Toronto, Canadá, cuando el policía Michael Sanguinetti soltó esta joyita para los anales del machismo más repulsivo de todos los tiempos: *Las mujeres deben evitar vestirse como putas para evitar la violencia sexual en su contra.* Por supuesto que esto desató la ira y las manifestaciones en su contra. Hoy existen réplicas de esta marcha en todos los continentes del mundo.

- Según el Instituto Kinsey, dedicado a la investigación respecto al sexo, los hombres pierden su virginidad a la edad promedio de 16.9 años, mientras que las mujeres lo hacen a la edad promedio de 17.4 años.

- La película de Julia Roberts, *Mujer bonita*, cambió para siempre el paradigma de la prostituta, convirtiéndola efectivamente en la nueva Cenicienta.

- La película *Secreto en la montaña* casi arruina la aventura sexual de Elisa en este capítulo, pues al mostrarle el relato a varias personas, la gran mayoría me dijo que ahora perciben como *gay* a la figura del *cowboy* gringo.

- El dolor de cabeza es el peor pretexto del mundo para no tener sexo con tu pareja. Estudio tras estudio han confirmado que muchas de las sustancias que nuestro cuerpo libera durante el acto sexual son súper efectivas para quitar ese dolor en particular. A buscar otra razón, chicas.

- En Estados Unidos hay datos que aseguran que una prostituta tiene más posibilidades de tener sexo con un policía, que de ser arrestada por él. En México, pues no hay estudios formales al respecto, pero ya podemos imaginar, ¿o no?

- Ésta la aprendí a la mala: aguas con buscar sinónimos para palabras como *prostituta*, cuando vas en un avión que tiene Wifi. Luego aparecen páginas ilustradas y tendrás que pasar el resto del vuelo al lado de una vecina de 78 años que jura que eres una maniática sexual lesbiana.

CAPÍTULO 13

Las cosas a las que pertenezco

Si deseas muchas cosas, muchas cosas te parecerán poco.
Benjamin Franklin

¡Fuera!

Un día decidí tirar las cosas que me sobraban. Todas. No sé exactamente lo que me pasó, pero estaba iluminada. Sabía, sin tener ninguna creencia en particular que me guiara a esta gran conclusión, que para enfrentar bien el futuro y elevarme a un mejor nivel espiritual tenía que deshacerme del peso del pasado. ¿Qué mejor forma de hacer eso? A limpiar la casa. ¡Fuera todo!

Lo primero que hice para iniciar mi gran acto de liberación fue ir corriendo a... híjole, pues a comprar más cosas para meter todas las cosas de las que planeaba deshacerme. Cajas, recipientes, bolsas, estampas para clasificar y siete tipos diferentes de plumones para organizarme. Cuando llegué de la tienda no tenía ni idea dónde podía poner tanta cosa nueva. Tardé un buen rato armando y rotulando cajas; para ese entonces estaba muerta de hambre y agotada, probablemente sería buena idea seguir con esto al día siguiente.

Por supuesto que a la mañana siguiente se me había ido la inspiración. Esas cajas se quedaron ahí un año y medio, pero no crean que las desperdicié, no. Esas cajas se convirtieron en el hogar de las nuevas cosas que fueron llegando a mi vida. ¿O a poco pensaban que quedaba lugar en mi clóset?

Mi adicción por las cosas es algo que me preocupa en momentos muy especiales de la vida. A veces pienso que he desarrollado una relación tan compleja con ellas que espanta a los seres humanos... a los hombres pues, que luego se quieren acercar.

Pero es que, ¿cómo van a competir? Mis cosas reflejan exactamente lo que yo quiero que reflejen. Obedecen a mis gustos, traumas y necesidades. Si me deshago de ellas quiere decir que estoy descartando por completo el tiempo y el esfuerzo que invertí en conseguirlas. Y créanme, ¡fue mucho! Una vez que haya tirado esas cosas, quiere decir que ahora sí no queda ni rastro de ese tiempo, ni testimonio alguno de quién fui mientras invertía el tiempo en comprarlas y, de nuevo, ¡fue mucho! Quedaría todo en el pasado. Estaría más cerca de mi muerte.

Así que no es fácil encontrar al hombre valiente que esté dispuesto a coexistir con tanta historia que se cargan mis objetos. Cada almohada, peluche, iPod y zapatos ya pasaron por las de Caín a mi lado. Saben demasiadas cosas que él apenas tiene que empezar a descubrir, y no, no es tan fácil que ellas quieran compartir. Es... o eso, o el hecho de que se asusten con el caos que es mi casa. Como sea, me puse a pensar: *tener demasiadas cosas siempre será un impedimento para avanzar.*

Eso sí, hay ciertos objetos que por los milagros y placeres que les atribuimos, tienen un lugar privilegiado en la vida de cualquier mujer. Estas cosas no nos pertenecen, nosotras les pertenecemos a ellas.

Elisa y Sebastián

Pues no olvides que ser puta es chido... Esas fueron las palabras de Sebastián a las que Elisa se aferró esa noche que decidió ir al establo con el *cowboy* en Montana. Se descubrió a sí misma capaz de cosas que nunca hubiera imaginado. De pronto, se encontró con la habilidad de desdoblarse y ver desde afuera de su propio cuerpo, como si la escena que estaba viviendo se tratara de una gran película erótica. Le gustó observar a esa mujer capaz de olvidar el dolor de haber sido plantada por Jason y hacer buen uso de su noche con otro hombre.

También se deleitó con el morbo de ver cómo el *cowboy* le mordía el hombro, el cuello y luego la boca. Se dio a sí misma una ovación de pie al darse cuenta de que los dos cayeron sobre el heno mientras se trataban de arrancar la ropa, pieza por pieza, con una desesperación digna de la escena que estaban representando. Sin embargo, en medio del placer indescriptible, estuvo presente todo el tiempo el pensamiento: *Sebastián va a estar tan orgulloso de mí,* lo que no era muy buena señal acerca de su estado mental. Después se fueron al cuarto de Elisa.

Al día siguiente, el *cowboy* se marchó muy temprano. Era la madrugada cuando salió sólo con sus bóxers rayados y sus botas de cuero. Después de que cerró la puerta para nunca más volver a ser visto, su sombrero seguía en la cama, y Elisa lo guardó súbitamente en su enorme maleta, pensando: *Sebastián se va a divertir como la hermosa loca que es con mi trofeo.*

Así fue como llegó a este punto. Una semana después estaba con Sebastián, quien se encontraba desparramado en el sillón de la recámara de Elisa, viéndola decidir.

¿Sombrero, corbata, carta?

Cowboy, Jason o Javier. Esos no eran objetos sobre la cama, eran caminos a tomar. Eran fantasías. Sebastián sabía que, como en la *catafixia*, la decisión equivocada llevaría a meses de autorecriminación por parte de Elisa.

—A ver, hermosa, ésas son cosas, no son hombres. Sí lo sabes, ¿verdad?

Por supuesto que Elisa lo sabía.

—¿Estás seguro?

—Tan seguro que creo que debes tomar dos de ellas y echarlas aquí dentro —le dijo mientras le zarandeaba una enorme bolsa negra de basura en su cara—. Y creo que sabes cuáles dos, ¿verdad?

Por supuesto que Elisa lo sabía, una era sólo una fantasía y una noche. Tomó el sombrero y lo aventó a la bolsa, de todos modos olía a estiércol; en retrospectiva, no muy sexy.

Pero a la hora de enfrentarse a la corbata de seda con tonos morados y azules, dudó.

—Sí te había dicho que tu Jason se viste como proxeneta, ¿verdad? —apuntó Sebastián soltando una risita—. De veras, Elisa, ese sombrero podría ser un disfraz de Halloween, ¿pero la corbata? No me digas que tu hermoso negro en serio se la puso.

Más que en serio se la puso, la "lucía" esa noche que se conocieron en Río.

—Sí sabes que para ser el *hombre gay perfecto* también debes saber cuándo irte caminando con la cabeza muy en alto, ¿verdad? Hermosa, antes que todo está tu dignidad. Y nunca vas a tener dignidad mientras esa madre siga siendo parte de tu clóset. Sí, otra vez ese maldito clóset.

Cuánta razón tenía Sebastián. Elisa juraba haber dado todos los pasos para terminar su *no relación* con este hombre tan ridículamente perfecto, pero ahora sabía que mientras no dijera adiós a ese objeto, a esa cosa, entonces no quedaba realmente cerrado el ciclo. Elisa no creía ni en la energía ni en el universo, pero sí podía reconocer lo que tenía enfrente. Se llevó la espantosa corbata hasta el rostro, inhaló profundamente y suspiró:

—Todavía huele a él.

—¡No mames, güey! —Sebastián reventó en carcajadas—. Ninguna corbata huele como su hombre y mucho menos seis meses después de que la vio por última vez… che Elisa, estás más loca que una cabra menopáusica.

—Pues qué encantador eres, ¿eh? ¿Y exactamente qué supones que debo hacer?—le respondió con una cara que a cualquier otro hubiera aterrado, pero no a Sebastián, quien simplemente volvió a abrir la gran bolsa de basura y la zangoloteó.

—Aquí…

—Pero yo…

—¡Aquí, ya!

—Yo no creo que…

—Ya perdiste el derecho a creer. Ahora… —le decía mientras ponía el plástico negro a bailar en su cara.

—¡Me vas a asfixiar, Sebastián! —gimoteó Elisa.

—Para nada. Eso lo haces muy bien tú solita con tus ridículas expectativas, hermosa. Tira esa cosa. Sólo es una cosa y parece que es tu dueña, y no al revés.

Silencio… y entonces Elisa encontró el valor desde algún lugar muy dentro de sí misma: recorrió en su mente cada momento que se quedó esperando, cada vez que ella se imaginó que Jason realmente planeaba estar con ella y la decepcionó. De pronto todas sus frustraciones se concentraron en ese ridículo pedazo de tela. Finalmente, con un movimiento firme, la agarró y la metió a la bolsa de basura.

—¡Bravo! —gritó Sebastián enloquecido de orgullo—. Mi niñita se está convirtiendo en una mujer.

Las risas y el llanto duraron unos cuantos minutos, y luego vino lo inevitable, lo de siempre. Después de que Sebastián la sacaba de su crisis, Elisa por fin recordó que ella no era la única con una vida que compartir, y Sebastián tenía grandes noticias... difíciles noticias... maravillosas noticias que la tenían francamente aterrada. Era algo que tarde o temprano iba a pasar, ni modo. En ese momento preguntó:

—Entonces, ¿ya decidiste cuándo te casas con Marco?

—Sí, hermosa. Lo decidimos mientras estabas haciendo *puercadas* con tu *cowboy*; por cierto, no puedo estar más orgulloso de ti por eso. La boda va ser el próximo mes en Vancouver.

Elisa tragó saliva y trató de seguir como si nada estuviera pasando, como si no se sintiera aterrada de perderlo para siempre.

—¿En Vancouver? Creo que el mes próximo hay una invitación ahí para cubrir algo de ecoturismo...

—Dime cuándo te vas y nos organizamos. Tú me tienes que entregar, ¿ok? No me caso si no estás.

Por un momento, Elisa y Sebastián se quedaron viendo uno al otro intensamente, aunque abrumados. ¿Podía ser éste el fin de todo? Obviamente no de su amistad, ¿pero de su forma de vida? ¿De su dependencia absoluta? ¿Podría Elisa seguir cayéndole a Sebastián a las tres de la mañana para no esperar hasta el día siguiente con la emergencia emocional de esa noche? Era demasiado para los dos.

—Aún te queda una *cosa* sobre la cama —dijo Sebastián, como para cambiar el tema. Los dos voltearon y ahí estaba la carta de Javier, el español. Qué buen tío ese Javier, qué poca atención le había prestado Elisa, entre su *negro*, y su *cowboy*. De hecho, ni siquiera se molestó en abrir la carta, llevaba varios días ahí arrumbada. De repente, no pudo esperar a saber qué había ahí dentro.

Elisa:

Belleza de mujer. No sé qué pasó en Montana, con la noche y las copas, creo que perdí mi oportunidad de decirte cuántas ganas tenía de estar contigo. No me lo perdonaría de no ser por la esperanza de verte pronto otra vez.

Tal vez esto suena un poco atrevido, pero con tanta distancia entre los dos no puedo darme el lujo de seguir perdiendo tiempo. Te escribo así, a la antigüita y en papel, porque no creo que se haya inventado la red social o el celular que le haga justicia a mis sentimientos por ti. Quiero que veas mi letra y puedas darte cuenta cómo tiembla mi mano al saber que serás tú quien estará leyendo lo que escribo.

Regresaré a tu continente pronto. Iré a donde tú estés. Sólo debo pasar primero a Vancouver, ya sabes el evento ese de ecoturismo, pero después…

Elisa bajó la carta y se le quedó viendo a Sebastián.

—Creo que ya tengo quién me acompañe a tu boda, marido mío —dijo suavemente antes de dar un salto y engullirlo en un abrazo. Qué manera de amar a su Sebastián.

Desintoxicación

Reconocer que somos adictas a las cosas es el primer paso para poder deshacernos de lo que nos estorba, ya sea físico o emocional. Si en los pasados capítulos hemos rendido tributo a nuestras neurosis por cosas como los celulares y computadoras, hay varios objetos más que nos han hecho sus prisioneras. Claro que no vamos a tratar de vivir sin ellos, pero no estaría mal entender que, aunque muy útiles, es necesario quitarles mucho del peso emocional que nos hacen cargar.

Éstas son algunas de las cosas más recurrentes que nos mantienen como sus prisioneras por los motivos más extraños.

ZAPATOS:

Aún tengo los pies en el suelo,
sólo que uso mejores zapatos.
Oprah Winfrey

Quisiera culpar al Grupo Bronco y a *Sex and the City* por esta debacle, pero no puedo. La verdad es que antes de ellos, las nenas ya nos veíamos mejor con zapatos de tacón, y caminábamos kilómetro tras kilómetro destruyéndonos la espalda y los pies gracias a nuestras elecciones de calzado.

Pero no se trata sólo de la belleza, la altura siempre es un punto a favor en nuestra batalla por el dominio psicológico de quien tenemos enfrente. La inestabilidad del tacón nos recuerda que siempre debemos estar concentradas para alcanzar el objetivo, aunque éste sea simplemente no darnos un buen porrazo contra el piso.

Durante siglos y siglos la calidad de los zapatos ha evidenciado la clase social. Hoy en día el tema sigue estando vigente y muchas mujeres con sus decisiones podológicas de todos los días, dicen: *Sí, estoy dispuesta a sufrir por ti y dejar que me lleves por la vida hasta donde tú quieras. Lo único que te pido a cambio es que me ayudes a verme mejor.*

¿Perdón? ¿Quién manda aquí? ¿Nosotras o el dichoso *zapatejo*?

EL COCHE:

Ya viste a ese pendejo
manejando el coche deportivo.
Anónimo

A diferencia de los hombres, para nosotras el coche no es un asunto de poder. No lo usamos para demostrar qué tanto hemos avanzado en la vida ni para compensar por tamaños que no nos complace tener. ¿O alguna vez han visto a una mujer cuya talla de *bra* sea 32 AA, que tenga una camionetota para que nadie se fije en sus carencias? ¡No! Esa mujer tiene la camionetota para lo siguiente:

- **Proteger bien su territorio:** Porque nosotras debemos tener una zona de confort que sea sólo nuestra, es la única forma de sentirnos protegidas, ojalá que cargáramos con el claxon integrado hasta cuando no estuviéramos manejando, la vida sería más honesta. T*e pasaste del centímetro aceptable, compadre, hazte para allá o después del ruido viene la lámina.* Nuestro cuerpo solito no puede ser usado como *lámina* en esos casos porque, desgraciadamente, eso es lo que quiere el que se te está arrimando ilegítimamente. Y si tenemos hijos, pues mucho más importante tener ese escudo de poder. ¿O a poco creen que el talento de hacer una mega capa protectora de la Mujer Invisible era un asunto casual?

- **Bodega:** Tal vez no tengamos mucho que meter ahí, pero si no tenemos el espacio, entonces nos pondremos muy mal. ¿O a poco creen que la obsesión por los clósets y las bolsas tiene que ver con lo que ponemos dentro de ellos? Nos da paz. Es como comprar un pequeño pedacito del universo en formato móvil.

- **Camerino:** ¡Hey! Tiene espejo. Y ya con eso nos damos por bien servidas. Ok, sé que aquí me meto en terrenos pantanosos porque los hombres simplemente no nos creen cuando les decimos que podemos maquillarnos y hablar por teléfono al mismo tiempo. Sin duda, su gran frustración por poder hacer sólo una cosa a la vez es lo que les causa tal furia al vernos hacer una vida entera dentro de nuestro vehículo. Claro, ellos dicen que es porque manejamos mal, pero yo creo que más bien envidian nuestra capacidad de no desperdiciar nuestras vidas en el tráfico como ellos lo hacen.

LA BOLSA:

Hay algo que toda mujer sabe respecto a una bolsa: su tamaño es directamente proporcional a nuestra necesidad emocional.

Porque, en serio, ¿alguien de verdad piensa que necesitamos cargar tanta maldita cosa? Lo entiendo. Los hombres no tienen que llevar maquillaje, cepillo ni toallas sanitarias, pero nosotras hemos logrado perfeccionar el arte de la carga innecesaria a través de la bolsa. Si un día salimos sin ella sentimos que perderemos una cantidad enorme de oportunidades magníficas en el camino. Nos sentimos acompañadas, queridas y protegidas con ella.

Y sí, entre más grande sea ésta, más la llenaremos. Ni siquiera mi marido gay puede comprender cuando salgo de la casa con uno de mis miles de *monstruos*. Sí, y de todos modos siempre se nos olvida meter ahí el único objeto que realmente vamos a necesitar.

¿Sobreviviríamos un día sin bolsa?

Lo aprendido

Nos gustan mucho las cosas, pero entre más tenemos, menos valen. Si el peso emocional que les proyectamos a los objetos es repartido entre miles, entonces nos quedamos con una colección fragmentada de recuerdos, significados y emociones. Hay que saber decir: *¡Hasta aquí!* Qué cosa, ¿no?

POR CIERTO...

- Al menos 4% de la población mundial sufre del Síndrome de Acumulación Compulsiva, que consiste en guardar cosas con la creencia de que algún día resultarán necesarias. Lo anterior lo afirmó el Departamento de Psiquiatría del Hospital Bellvitge, de Barcelona, en colaboración con el Institute of Psychiatry, de Londres.

- Para deshacernos de cosas que no queremos, a los mexicanos se nos da mucho el *roperazo*, que consiste en regalar algo que nos habían obsequiado antes. Todos conocemos a alguien que, confundida por tanta cosa, comete la peor pifia social de todas: regalar el *roperazo* a la persona que nos lo regaló.

- Un sondeo de *eBay* realizado con más de mil 200 personas en el 2009 descubrió que hubo más mujeres que hombres que recibieron regalos que no querían, mientras que los jóvenes de entre 18 y 24 años recibieron los presentes menos deseados.

- El famoso monólogo *Defendiendo al cavernícola*, de Rob Becker, retoma la sabiduría milenaria de que los hombres cazan y las mujeres recolectan. Esto ocurre en particular a la hora de las compras.

- Las mujeres más inteligentes hacen hasta lo imposible para nunca llevar a su pareja de compras. Saben que esa cara de aburrido en el silloncito del rincón de una tienda de ropa interior, después les saldrá muy caro. Chicas, ¡mejor lleven al marido gay! Todos serán más felices, se los aseguro.

- El Síndrome de Acumulación Compulsiva lo sufren personas de cualquier edad, principalmente mujeres a partir de los 40 años, a quienes les resulta difícil desprenderse de objetos sin valor y con los que establecen un vínculo emocional. Además, el Síndrome de Acumulación Compulsiva, por lo general es una conducta secreta, limitada al ámbito doméstico. ¡Uy, cuidado!

- En México, la campaña *Regale afecto, no lo compre*, de la Procuraduría Federal del Consumidor, es una de las pocas acciones gubernamentales que siempre son citadas con cariño por quienes la vivieron, y eso que fue transmitida en la televisión y radio nacional en los años setenta.

- La *oniomanía* es un término acuñado por el psiquiatra alemán Emil Kraepelin; quiere decir adicción a las compras. Viene del griego *onios*: para la venta, y manía, compulsión. A veces, como con la comida, quienes padecemos esto nos sentimos tan mal y culpables que lo único que nos queda es... comprar otra cosa.

CAPÍTULO 14

La archivillana que merecemos

Entre más exitoso el villano, más exitosa la película.
Alfred Hitchcock, cineasta

No es lo mismo...

Aunque varias descripciones de *villana* se refieren a la persona que ejerce el mal en una historia, yo no estoy necesariamente de acuerdo. Por lo general la villanía depende de los intereses de quien narra los hechos; les juro que el antagonista nos los hubiera contado diferente.

Por ejemplo, una vez le pedí a una amiga con quien estudiaba, que me pasara a recoger a la estación de radio donde yo estaba haciendo prácticas profesionales. Por supuesto que lo que más quería era conseguir una chamba ahí, tenía planeada toda una estrategia para lograr mi objetivo. Eso involucraba paciencia, tiempo y mucho, mucho trabajo.

En la salida nos encontramos con mi jefe, y se la presenté. ¿Saben lo que hizo la muy... villana? Se levantó un poquito la minifalda, aventó sus *nenas* para adelante y le dijo con un sugestivo tono de voz sin soltar su mirada ni por un instante:

—¿Oye, tendrás una tarjetita? Quiero trabajar para ti.

Lo único que pude pensar fue: *Perra malnacida, ¿cómo se atreve a venir hasta aquí para querer bajarme la chamba?* Lo que en realidad le dije fue tímidamente:

—Oye, ¿no te parece que está fuera de lugar que hagas eso?

No le pareció. Ese día decidí alejarme de ella. No era alguien en quien pudiera volver a confiar. Y sí, ella, sin entregar curriculum siquiera, se quedó con esa chamba.

¿Saben cómo cuenta ella la historia?

Yo adoraba a Susana. Éramos grandes amigas, pero un día su jefe me vio y me ofreció chamba. La verdad es que yo ya tenía mucha más experiencia que ella en la radio y no me imaginé que le afectaría. Nunca pensé que fuera así de envidiosa, pero desde ese día me dejó de hablar. Qué carbona, ¿no?

Sí, la villana está en los ojos del que mira.

Mucho más interesante

Hay que aceptarlo. Siempre, sin excepción, la villana es el personaje más interesante de cualquier historia. ¿O alguien se acuerda cómo se llamaba el dueño de los perritos en *101 dálmatas*? Bueno, para el caso, ¿alguien se acuerda cómo se llamaban los desdichados canes? Pero *Cruella de Vil* es un estandarte para la maldad femenina que ha trascendido por generaciones.

Los actos y el *modus operandi* de las villanas suelen ser mucho más interesantes que los de las niñas buenas. Tienen que ver con el hecho de que las villanas quieren algo, y están súper preparadas para arriesgar todo por conseguirlo. ¿Las protagonistas qué quieren?, pues básicamente que las villanas las dejen en paz. Yo sé quién prefiero ser en ese cuento.

Sus debilidades

Tristemente, por más interesantes que resulten estas mujeres, hay que aceptar, al menos en la ficción, que sus motivos suelen ser muy limitados. Probablemente porque en toda narración debe haber un buen motivo para que nos dé gusto ver cómo castigan al malo, o quizá porque la mayoría de estos cuentos sean narrados, generados y manipulados por hombres que no pueden arriesgarse a que el mensaje final sea: *Está bien que se nos salgan del huacal, nenas.*

Sin discusión, el caso es que estas mujeres serán castigadas por ejercer esas mismas cosas que las hicieron interesantes:

- La vanidad.
- La envidia.
- La histeria.
- El sexo.

Ocurre de vez en cuando, pero hay muy pocas mujeres que lo que realmente quieren es *dominar el mundo*, ¿no? Hasta las más grandes villanas tienen ambiciones un poco cuestionables. ¿Un abrigo de piel de dálmata? ¿Ser la enfermera más mala de *Malolandia*? ¿Bajarle el novio a Verónica Castro? Y si acaso llegan a formar parte de elaborados complots para apoderarse del planeta, casi siempre lo hacen como accesorios de algún genio demente (masculinoide) que las tiene ahí:

- Por su talento (para matar de formas muy creativas).
- Por su capacidad decorativa.
- Para cumplir con la cuota de mujeres en su ambiente laboral apocalíptico.

Así que no nos cuenten. Las villanas, por más maravillosamente interesantes que sean, al final suelen ser menospreciadas por sus *reprobables actos*. Las historias de algunas de las villanas favoritas se van repitiendo y repitiendo con la historia de la humanidad. Lo que yo daría por tener conversaciones modernas con algunas de estas brillantes, valientes y *cabroncísimas* mujeres que nunca aceptaron un ***no*** como respuesta.

Aquí una pequeña muestra de algunas de las más fascinantes villanas de todos los tiempos, de nuestro limitado presente y de la ficción. A todas les podríamos aprender algo, ¿no creen?

Escogí cinco grandes villanas que representan a cinco tipos de mujeres. No son todas, pero ahí, en alguna de ellas, sin duda nos veremos reflejadas. Son:

- Catalina Creel.
- Ana Bolena.
- Mónica Lewinsky.
- La reina de Blancanieves.
- Alex Forrest (de *Atracción fatal*).

CATALINA CREEL

FICHA TÉCNICA

Descripción:	Madre controladora.
Drama psicológico:	Todo por su hijo. Todo.
Horario:	24 horas / 7 días a la semana.
Herramientas:	Astucia, inteligencia, dinero.
Fecha de caducidad:	El último capítulo. Siempre tendrá su merecido. Es la ley.

¡Lo he repetido muchas veces: no puedo darme el lujo de sentir emociones vulgares!
Catalina Creel, villana de telenovela

Es madre, es suegra, es asesina serial. ¿Hay alguna combinación potencialmente más perfecta para la realización del mal en nuestra cultura?

Ninguna historia en el inconsciente colectivo moderno ha ilustrado esto tan bien como la telenovela *Cuna de lobos*, una historia donde la villana, sin duda, se comió a la protagonista en cuanto a nuestros afectos e intereses. Aceptémoslo, ella era tan, pero tan mala, que nos parecía adorable.

Y sí, aunque ir matando gente por la vida no está padre, hay que admirar los tamaños de alguien que lucha con tanta energía por lo que considera correcto. Y es que por lo general las villanas están convencidas de tener la razón de su lado. Catalina sólo estaba protegiendo a su hijo legítimo de su hijastro, ¿qué no nos han enseñado que la familia siempre es lo primero?

¿Por qué amamos a las malas, malas, malas? Porque ellas se dan permiso de llevar a cabo actos que nosotras sólo soñamos realizar, pero creo que hay algo más allá en todas las historias que nos han contado desde el siglo XIX, la mujer era mala cuando quería alguna de estas dos cosas:

- Sentir placer.
- No depender de un hombre.

¡Oh, horror! Era más que suficiente para desatar un gran pánico colectivo. Después de nuestra supuesta liberación femenina, nos descubrimos repitiendo una y otra vez estos esquemas que nos enseñaron. ¿No les parece ridículo que sea casi un pecado atrevernos a admitir que queremos lo mejor en la cama y en la cuenta bancaria? Ya tienen que haberse dado cuenta de que si vamos por la vida diciendo abiertamente que éstas son nuestras ambiciones, nos tacharán de:

- Putas.
- Interesadas.
- Superficiales.

Pero cuando esas son las intenciones de un hombre, entonces ellos son:

- Triunfadores.
- Capaces.
- Asertivos.

Prefiero ser la villana que se atreve a admitir que esas cosas sí son importantes para mí.

Ahora, hay que ser inteligentes. En nuestra mayoría, tampoco queremos dejar de ser madres, esposas y amantes. No queremos ser hombres; lo que deseamos es permitirnos a nosotras mismas vivir sin ese filtro que nos pusieron desde pequeñas y al que, por algún motivo, le hemos dado incesante y obsesivo mantenimiento. ¡Cómo nos ha detenido ese tema!

Así que ahí tenemos a la gran Catalina Creel. No le admiramos la maldad, pero sí la villanía, que no es lo mismo. No pierde el tiempo en preocuparse sobre lo que los demás piensen de ella, y hace lo que tiene que hacer. Es asertiva y capaz. El hecho de que encuentre un final terrible (muerte por su propia mano), realmente no tiene que ver con sus acciones. Obedece a que alguien con el mismo filtro que nosotras escribió esa historia. Un hombre. Entonces, había que castigarla.

De Catalina...

- **Dejo de lado:** la amargura y su destino ineludible por ser representante del género del melodrama. Y bueno, tampoco me encanta eso de andar matando gente todo el tiempo.
- **Me quedo con:** su claridad, su eficacia, el amor absoluto por su hijo y el hecho de nunca cuestionarse si era perfectamente capaz de hacer lo que consideraba correcto.

ANA BOLENA

FICHA TÉCNICA

Descripción:	Bella, inteligente y calculadora. Aspira a las más grandes cosas.
Drama psicológico:	Sabe lo que quiere. Sabe lo que vale. Pagará por ello.
Horario:	Nunca duerme. Nunca.
Herramientas:	Los atrapa con su energía sexual, los retiene con su inteligencia.
Fecha de caducidad:	Su reloj biológico.

Y así es como dejo este mundo y a todos ustedes.
De corazón espero que recen por mí.
Ana Bolena, reina de Inglaterra

Hace algunas páginas me quejaba de que pocas villanas en la ficción tienen como objetivo dominar el mundo (o al menos su país). ¿Pero qué tal en la vida real? Hubo muchas de ellas, desde Lucrecia Borgia hasta Martita Sahagún. Pero debo decir que pocas me parecen tan fascinantes como lo fue Ana Bolena.

De entrada, Bolena ha sido presentada como la gran víctima, pero también como la gran villana de todos los tiempos. La visión cambia dependiendo de qué historiador decidamos consultar.

Para efectos de este capítulo, opto por quedarme con la versión del personaje que de manera clara y contundente fragua un plan para cobrar el control del reino de Inglaterra; pero primero hay que distinguir sus trazos de villanía. Se divide en lo que los hombres ven y lo que las mujeres sienten. Para nosotras la figura de Ana Bolena es aterradora porque quiere decir que:

- No hay paz ni en el matrimonio. Aunque ya tengas a tu rey, siempre habrá quien quiera meterse en tu trono (en este caso, literalmente). Y si el rey que está atado a las leyes de la Iglesia católica es capaz hasta de romper con ella para mandarte a la fregada por su amante, ¿entonces qué nos espera a nosotras, las simples *plebeyotas*? (todas somos Catalina de Aragón).
- Ni la hermana se salvó. María Bolena (amante de Enrique VIII) sufrió de lo que comúnmente conocemos como *un bajón*. ¡Su hermana le quitó al hombre! Ésta, definitivamente, no es una comadre a la que puedas invitar a casa a tomar café si tu marido está ahí.

Pero en vez de ponernos a pensar, *¿qué demonios le pasa al rey? ¿Por qué se comporta como un niño con control de sus impulsos?*, las mujeres solemos culpar a la otra mujer. Es mucho más fácil si el terreno de batalla nos es familiar. Ésta es una historia que me contó una conocida de 28 años, que lleva casada seis.

Jacobo y yo nos conocimos de mega chavitos. Éramos tres mejores amigos: él, mi amiga Becky y yo. Para todo íbamos juntos, pero pronto quedó claro que la vida la íbamos a compartir Jaco y yo. En serio, nunca me imaginé estar con nadie más y él tampoco. No nos pudimos casar enseguida porque él tenía que ganarse el lugar en el negocio de su papá y eso tomó varios años, pero yo ni siquiera había considerado besar a nadie más que a él. Un día, cuando íbamos a cumplir cinco años de casados, me dijeron que lo habían visto con Becky saliendo de un hotel. Claro que tengo orgullo, y cuando llegó a la casa todas sus cosas ya estaban empacadas. Peleamos, lloró y me juró que eso nunca iba a volver a pasar. Pasaron meses, y le di otra oportunidad. Qué bueno que lo hice, porque ahora somos muy, muy felices. ¿Qué?... ¿Que qué pasó con Becky? No. A esa perra nunca le volví a hablar.

Ése es el fenómeno *Ana Bolena* que puede convertirla en villana ante los ojos de las mujeres, por eso no nos llenamos de lágrimas y compasión cuando nos cuentan que le cortaron la cabeza. *Ni modo, se lo ganó. ¿Para qué anda buscando al marido de otras?* Pero francamente nuestra animadversión femenina por el personaje no es nada en comparación con lo que provoca en los hombres. Es por eso que no dudé en incluirla aquí en la gran lista de mis villanas más interesantes.

Ellos tiemblan ante una Ana (Evita, Martita, etc.), porque:

- Esa mujer no sabe su lugar. Quiere ayudar a gobernar. ¡A gobernar!
- No es del *club de Toby*. Tiene su propia agenda.
- Puede manipular con sexo al rey (presidente) y hasta darle un hijo. ¿Cómo competir contra eso cuando aquí sólo nos entendemos a decapitaciones, condecoraciones y 'enérgicas condenas'?
- ¡Ay cabrón! Esta tipa no quiere ayudar a gobernar. ¡Quiere gobernar! De hecho, ¡está gobernando! ¡Que le corten la cabeza!

Sí, Ana Bolena y sus derivados no son asunto sencillo para los hombres, pero honestamente, ¿cómo podemos no admirar a una mujer que con su inteligencia y magnetismo cambió la historia de las religiones y de los imperios del mundo?

¿Eso es una villana? Me declaro fan. Pero no, yo tampoco se la presentaría a mi novio.

De Ana Bolena...

- **Dejo de lado:** su absoluta falta de solidaridad con las mujeres. Su trágico y descabezado final. El hecho de que al último pagó el peor precio de todos porque no pudo producir un heredero hombre para la corona.
- **Me quedo con:** un aplauso de pie por cómo rompió los esquemas, a tal grado que el mundo nunca volvió a ser el mismo. Sabía lo que quería y lo consiguió.

MÓNICA LEWINSKY

FICHA TÉCNICA

Descripción:	Gordita, sexosa, incómoda.
Drama psicológico:	Nunca diría que no, y menos cuando se le presentan las más grandes oportunidades de... sobresalir.
Horario:	Madrugadas, de preferencia.
Herramientas:	Su... talento oral.
Fecha de caducidad:	Cuando se entera el mundo... o la esposa.

Estaba más preocupada por mi mamá que por el presidente.
Mónica Lewinsky, becaria

Siento mucho si esto me vuelve una traicionera de mi género, pero a mí siempre me cayó bien Mónica Lewinsky. La verdad es que conozco decenas de mujeres que se decían francamente horrorizadas por lo que hizo esta becaria, cuando ninguna de ellas le hubiera dicho que no al presidente de Estados Unidos. Por favor, no le hubieran dicho que no a un diputado mexicano.

El fenómeno de odio y desprecio a la Lewinsky me pareció mucho más interesante que el hecho de hacerle un *trabajito* a Clinton; pero sobre todo que se convirtiera en una gran villana de nuestros tiempos, que:

- Ayudó a redefinir la infidelidad.

Yo no tuve relaciones sexuales con esta mujer.
Los infieles del mundo se regocijaron. ¡El sexo oral no era sexo! Lo dijo el presidente. A darle bien y bonito sin tener que poner nuestras caras de culpa. *¡Hey!, él está encargado de las fuerzas armadas, ¿a poco crees que sabes más que él, vieja?*

Sí, no puedo decir que el sentimiento colectivo fuera *todas somos Hillary*, pero el miedo es contagioso.

- Guardó la evidencia.

En serio. ¿Quién hace eso? Y peor aún, ¿quién le cuenta a su mejor amiga que tiene guardado un vestido con el ADN de su amante? Para los hombres ella se volvió la villana absoluta porque dejó más que claro que no hay crimen perfecto.

Ok. Éstas son las razones obvias por las cuales Mónica fue la villana de ese cuento ante los ojos del mundo, pero la verdad, ahí no radica la razón por la que la incluí en esta especie de celebración de las grandes villanas. A mí me parece fascinante el hecho de que su villanía radique en que:

- ¡Estaba gorda!

¿Ustedes no gozaron al ver cómo a miles de personas les explotaba la cabeza porque no lograban entender el fenómeno? Lo mejor fue que tanto hombres como mujeres sufrían por no poder entenderlo. Esto me dijo un amigo muy sabio... muy *ojete,* pero muy sabio. (Protegeré su identidad por temor a terribles represalias):

> *Es que entre los hombres existe un código. Nosotros comprendemos si tenemos que buscar sexo en otros lados porque ya estamos aburridos de lo que nos dan en nuestras casas, pero la regla es ésta: tiene que ser algo mejor que lo que dejaste esperándote. ¿Esa vieja qué?*

Ok, casi lo mato. Pero me estaba compartiendo un poquito de los tesoros secretos de la hermandad de la testosterona, y yo no podía desperdiciar la oportunidad de tratar de aprender algo. La verdad ni tiempo tuve de ofenderme por lo que escuché, pues enseguida me acordé de lo que decimos las mujeres:

> *¿Neto? ¿Con esa vaca? ¿No podía conseguirse algo mejor el güey?*

Y aún mucho más preocupante:

> *Si Clinton engañó con eso a su esposa, ¿qué destino me espera con mi esposo?*

Un duro golpe de realidad para miles de nosotras, nada padre, pero cierto. Mónica Lewinsky lo absorbió por todas. Cumplió su función. Para ser honestos, a mí nunca me pareció ni fea ni poco atractiva la mujer, pero las características de su peso tomaron proporciones épicas por el hecho de que nos gusta caricaturizar a nuestra némesis. Sólo así la podemos entender.

Por eso ella acabó en mi lista de villanas a quienes algo les podemos aprender. Cualquiera que rompa los paradigmas de esa manera y esté a punto de cambiar el rumbo de la política mundial merece, al menos, nuestra atención.

De Mónica Lewinsky...

- **Dejo de lado:** los puros que utilizó, el vestido que guardó y el precio que pagó (ha declarado que nadie quiere contratarla y nadie quiere salir con ella).
- **Me quedo con:** la absoluta falta de complejos que demostró al... ejem... sentarse frente al hombre más poderoso del mundo. Ella nunca se creyó el cuento de que no podía serle atractiva a un hombre por tener algunos kilos de más. Tenía razón.

REINA DE BLANCANIEVES

FICHA TÉCNICA

Descripción:	Bella, hermosa de hecho. Su vida sólo trata de eso.
Drama psicológico:	El tiempo pasa. Torturada por la juventud de las demás.
Horario:	No importa, mientras duerma ocho horas al día.
Herramientas:	La magia y el poder.
Fecha de caducidad:	La indicada en la caja de su Botox.

Espejito, espejito en la pared.
¿Quién es la más bella de todas en la Tierra?
La reina de Blancanieves

El mensaje de que sólo la juventud y la belleza nos darán felicidad, es uno de los más peligrosos que nos han repetido en los cuentos. Nos ha hecho creer que sólo hay una pequeña ventana en nuestras vidas donde podemos ser auténticamente plenas y felices. Lo peor es que pasamos el tiempo de esa ventana tan preocupadas por estarla desperdiciando, que entonces lo hacemos por completo.

Así nos programaron y nosotras nos dejamos. Éstas son las etapas:

- **Ahí vienen:** Así que te pones como corredora de 100 metros planos, lista para vivir lo que serán los *mejores años de tu vida.*
- **Ya llegaron:** Y te preguntas, ¿estoy desperdiciando mi juventud porque no soy tan feliz como se supone que debería ser? Caes en tus primeros ataques de pánico, los cuales sólo sirven para desperdiciar más los mejores años de tu vida.
- **Ya pasaron:** Lástima mi'ja. Pasaste tanto tiempo preocupada que no gozaste los mejores años de tu vida... de aquí, todo es para abajo.

Completamente ridículo, ¿no? Sobre todo cuando pensamos que *los mejores años* de tu vida fueron aquellos donde difícilmente tenías la posibilidad de tomar tus propias decisiones, crear tus propias reglas e inventar tus propios mundos. Pero nos resulta demasiado fácil comprarle el cuento a la bruja mala, porque la verdad, después de los *veintipocos*, estamos un poco cansadas de seguir intentándolo.

El tema de estas villanas es la envidia. Probablemente no nos encontremos con alguien que nos dé una manzana envenenada porque odia nuestra juventud, pero en nuestra versión moderna del cuento el mensaje es éste: *Deja de intentarlo si no eres perfecta. Sólo la perfección cuenta.* Eso es más letal que el cianuro.

De las reinas...

- **Dejo de lado:** su objetivo; según sus propias reglas, la juventud eterna es una causa perdida y están condenadas a sufrir por ello. Lo peor es que el castigo en este caso se lo provocan ellas mismas.

- **Me quedo con:** su indomable terquedad. Si bien esa perfección que persiguen es ridícula y tiene fecha de caducidad, hay que respetar la forma en que aparentan la absoluta superficialidad.

ALEX FORREST (*ATRACCIÓN FATAL*)

FICHA TÉCNICA

Descripción:	Soltera, sensual y extraordinariamente peligrosa.
Drama psicológico:	Histérica.
Horario:	Cuando menos la veas venir.
Herramientas:	Su cuerpo, agua hirviendo para el conejo de la niña, cuchillos.
Fecha de caducidad:	Cuando la tengan que matar por impertinente.

Yo no seré ignorada, Dan.
Glenn Close como Alex Forrest
en *Atracción fatal*

Como mujeres siempre nos estamos deteniendo, pausando. Nunca sabemos si debemos expresar nuestros sentimientos o si debemos hacernos las misteriosas y crípticas.

- *Si le dices que te gusta, entonces no te va a pelar.*
- *Si le demuestras que lo necesitas, te vas a ver desesperada y él va a salir corriendo.*
- *Si quieres que un hombre te pele, entonces que no tenga idea de que te llama la atención.*
- *Si ya te acostaste con él, pero no hay una relación, entonces no esperes esa llamada del día siguiente. Simplemente vas a sufrir porque no va a llegar.*

¿Suena familiar? Es el pan nuestro de cada día. Siempre tenemos que medir nuestras acciones y respuestas. Cuando te llega un mensaje que dice:

Twing: —*Oye, perdón, pero se me hizo tardísimo y no voy a poder verte hoy.*
Tú contestas:
—*Ay, no te preocupes. Igual puedo hacer otra cosa.*
Pero en realidad estás pensando:
Grandísimo e inconsciente patán. Si no me gustaras tanto te la dejaba ir.

O en otras palabras (léase como Glenn Close a punto de caerle encima a Michael Douglas):

¡¡¡Yo no voy a ser ignorada!!!

Siendo muy honestas, es un alivio ver a una mujer comportarse por cinco minutos como todas quisiéramos: como perfectas histéricas, arañando, gritando y expresando nuestra frustración porque el hombre que tenemos enfrente, sencillamente no tiene las conexiones cerebrales organizadas de una manera que le permita entender cuánto nos lastimaron. Claro, lo queremos hacer por tres minutos, que nos pidan perdón y nos digan que nos aman y luego seguir felices por la vida. Así no funciona; sin embargo, el impulso inicial queda más que satisfecho.

Pero al ser mujer, más allá de este pequeño gusto de honestidad que nos regala, realmente no podemos querer identificarnos con Alex. Es evidente que a todas nos da terror salir de fin de semana y dejar a nuestro esposo para que pueda tener sexo violento en el elevador con una perfecta extraña que acaba de conocer.

Y lo peor de todo, que esta mujer vuelva para aterrorizarnos a todos. Es un temor muy válido. Aquí no estamos luchando contra la maldad, sino contra la locura de una mujer despechada. No hay forma de negociar.

Ahora, para los hombres, el *fenómeno Alex* es mucho más elemental. Es el equivalente a un condón roto con la persona incorrecta, en el peor momento posible de la vida. Tal vez ellos pensaban que había un contrato de *sólo sexo* y luego una limpia partida sin consecuencias. Pero todo en esta vida tiene consecuencias. Y sí, el sexo casual no es la excepción.

De Alex Forrest...

- **Dejo de lado:** no saber cuándo parar. Una cosa es decirle a un hombre que mereces que él deje a su esposa por ti, y otra es tratar de matar a su esposa.
- **Me quedo con:** su certeza de que ella es alguien que merece ser escuchada. Todas deberíamos tener un poquito de eso.

Así queda mi villana

¿Se han fijado cuántas cualidades entrañables tiene nuestra villana perfecta? Si mezcláramos algunas cosas de estas cinco mujeres, tendríamos a alguien que sabe que merece lo mejor en esta vida y no tiene miedo de expresarlo. Nada la va a detener para obtenerlo. Persigue la perfección hasta sus últimas consecuencias y ama a los suyos. Hace básicamente lo que quiere para protegerlos. Es capaz de cambiar la historia del mundo cuando se lo propone.

Creo que hay más cosas que aprenderle a las villanas que a las protagonistas. Claro, si seguimos sus destinos hasta sus últimas consecuencias, acabaríamos suicidándonos, sin cabeza, muertas en una tina o, en el mejor de los casos, un tanto humilladas en los medios masivos de comunicación del mundo.

Está padre sacar esa gran villana que llevamos dentro, pero también hay que saber cuándo parar.

Quince minutos sin filtro

Algo que siempre me ha parecido delicioso de las villanas es que tienen derecho a decir lo que realmente están sintiendo. ¡Las envidio tanto! Muchas veces quisiera ser como ellas, pero no es asunto fácil. Me puse a pensar: *¿qué pasaría si un día reviento y me pongo a decir todo lo que estoy pensando?* Creo que la cosa sonaría algo así:

- *No señor, no le voy a pagar una lana por el privilegio de que no desbarate mi coche si lo estaciono aquí.*
- *¿Sabes qué? Si no tienes los huevos... yo no tengo el tiempo.*
- *Disculpe, pero no tengo que sonreírle para que no le escupa a mi comida la próxima vez que venga a comer aquí. Y sí, pedí dos Martinis, no tres.*
- *No te gusta lo que dije, pero sí lo entendiste, ¿verdad?*
- *Sí, sí me encabrona que me invites a salir, y luego me digas que nos vemos después de medianoche.*
- *Sé que voy a pagar muy caro por esto pero... te amo.*

Lo aprendido

Todas las veces que mi marido gay se ha sentido orgulloso de mí y de mis logros, lo celebra con el grito de *¡Perra del mal!* Si escucho eso, sé que ya la hice. Es curioso, porque no hay aplauso más de corazón que ese. Quiere decir que soy digna de envidia, que no me detuvieron los prejuicios ajenos; quiere decir que soy una mujer fuerte, que no temí ser vista como villana por el simple hecho de hacer lo que me hace feliz. La verdad sí, me gusta mucho ser una perra del mal. Nadie protege a lo que ama mejor que una perra.

POR CIERTO...

- A Mónica Lewinsky se le atribuyó la gran frase: *Ahora voy a votar por los republicanos porque los demócratas me dejaron un muy mal sabor de boca.* Tristemente para la anécdota, ella nunca dijo tal cosa. Al menos en público.

- Una compañía de maquillaje lanzó su última colección de cosméticos en colaboración con Disney, y tiene como protagonistas a los villanos de cuatro películas famosas del estudio: Cruella de Vil de *101 dálmatas*, la reina de *Blancanieves*, Maléfica de *La bella durmiente* y el Doctor Facilier de *La princesa y el sapo*; cada uno está impreso en los diversos productos de la colección.

- A nosotras nos gustan más los villanos. Por lo menos eso fue lo que concluyó Jessica Tracy, de la Universidad de la Columbia Británica, quien en un estudio mostró fotografías de muchos hombres a varias mujeres, y descubrió que ellas se sentían menos atraídas hacia los hombres alegres y sonrientes; y preferían a los que parecían orgullosos, poderosos, temperamentales o avergonzados. Los hombres, por su parte, nos prefirieron sonrientes y sin actitudes desafiantes.

- Hay tan pocas mujeres asesinas seriales, que hasta Charlize Theron se ganó un Oscar por interpretar semejante rareza en la película *Monster*. Aunque la verdad es que muchos sospechan que la presea se le dio por lograr lo imposible: verse fea.

CAPÍTULO 15

Lo logré... ¡Yei! Y ahora... ¿qué hago?

I can't get no satisfaction...
The Rolling Stones

¡Más! ¡Más! ¡Más!

¡Qué llena tiene la boca de razón el señor Jagger!, y ésa sí que es una gran boca. Sí, "Satisfaction" quizá sea la canción más instantáneamente identificada en la historia del rock, y no sólo por sus perfectos acordes que se pegan a nuestra memoria, tiene además ese concepto que al final del día nos acaba pegando a todos: *Nunca nada es suficiente.*

Después de haber recorrido de principio a fin los temas por los que tenemos que navegar en nuestra búsqueda para ser mujeres felices en estos tiempos tan complicados, me doy cuenta de que todo se reduce a lo mismo de siempre:

- Queremos ser respetadas.
- Queremos ser admiradas.
- Queremos ser cuidadas.
- Queremos ser amadas.

Pero sobre todas las cosas:

- Queremos más, y más, y más.

La amenaza múltiple

¿Se acuerdan dónde estaban la primera vez que alguien les dijo con orgullo que las mujeres somos afortunadas porque podemos tener múltiples orgasmos? Yo lo recuerdo perfecto. También me acuerdo muy bien de mi pregunta: *¿Y es a fuerzas?* Está bien, en ese momento tenía 12 años, y mi amiga que me lo explicó, mucho más madura a sus *avanzados* 13 y medio, sin contestar, sólo se rió de mí con su *gran* sabiduría acerca de la vida. Pero ahora veo que mi pregunta no era tan absurda, hablando con muchas mujeres que abiertamente compartieron esta experiencia conmigo, descubrí que la presión por gozar a veces es muy nociva para el placer.

- *Si tienes un buen hombre, entonces te preocupas porque él no se acompleje y te la pases diciéndole cosas como que* el tamaño no importa, *pero a veces parece que para convencerlo hay que cumplir con cantidades. Yo estoy feliz con terminar una vez, dos es más de lo que planeaba. Él cree que no me hizo feliz.*

- *Por eso luego acabamos fingiendo, porque alguien les hizo creer que si no* nos venimos *por lo menos tres veces, entonces no nos hicieron gozar. Y ni cómo convencerlos de lo contrario.*

- *Yo sé que somos capaces de eso, pero ¿alguien podría explicarle por favor a mi esposo que en tres minutos y medio, con el partido de fut en la tele como fondo, pues... no hay manera?*

- *Yo los escondo para que él no piense que ya acabé y pueda irse a dormir.*

- *Yo nunca he podido más de uno, y apenas... ¿Estoy defectuosa?*

- *Para mí es mucha presión, ahí me tienen cuente y cuente, en vez de gozar. Parezco maestra de matemáticas atrapada en una especie de mala película porno.*

- *Mi pareja siempre estaba buscando economizar. Dice que con uno es suficiente para cualquiera, y que si no, ¿qué vamos a hacer mañana?*

- *Bueno, a mí me encantaría que él realmente creyera en eso de los orgasmos múltiples, pero siendo tan terco como la mula que es, no es capaz de imaginarse un mundo donde el placer llegue de otras maneras. Si él no puede sentirlo, entonces cree que es ciencia ficción.*

¿Se acuerdan del glorioso privilegio de no tener expectativas? No me imagino un mejor terreno que la cama para ponerlo en práctica; sobre todo para eliminar la presión y el estrés. Cualquier golpe de placer será mucho más bienvenido y agradecido si llegamos ahí con la mente en blanco. Querer más, más y más, sólo nos hará pensar que nunca tuvimos suficiente.

¿Ya estás satisfecha?

—No puedo creer cómo te metes el pie solita —me dice más seguido de lo que me gustaría mi maravilloso marido gay—. Neto, ¿qué más quieres para ser feliz? Tienes todo... —enseguida se me ocurren 17 cosas que no tengo, y él me detiene antes de poderle alegar—. Ni te hagas, porque en tu caso en particular ésas no son las cosas que quieres, sólo son cosas que te dijeron que tenías que querer.

Cierto. Otra vez le atinó. Como el día que iba yo tristeando por Disneylandia porque un susodicho no me envió un mensaje de texto en 28 horas. Mi marido gay, que ni siquiera estaba ahí, se dio cuenta enseguida. Sonó mi Blackberry cuando hacía la fila para el *Space Mountain*.

Twing: —*¿Podrías explicarme por qué acabas de ponerte existencial y dramática en Twitter?*
—*¿Yo...? ¿Por qué?*
Twing: —*A ver, te cito, princesita del drama: Ahora veo lo absurdo de nuestros placeres infantiles. Extraño cuando esa felicidad era suficiente... ¿En serio, güey?*

—*¿Qué tieneeeeeee?*
Twing: —*No te ha hablado, ¿verdad?*
—*Eeehhh... no.*
Twing: —*Y aunque estás en el lugar más feliz sobre la Tierra, literalmente debajo de una ráfaga de fuegos artificiales, todo lo ves gris, ¿verdad?*

Chifle su... éste de verdad me conoce. En honor a mi dignidad tardé 48 segundos en contestarle. En ese ínter entró otro mensaje. Era el susodicho en cuestión.

Twing: —*Hey, tú... ¿qué haciendo?*

Y pensé: *desbaratándome por ti. Soñando con que estuvieras acompañándome para realmente sentir que mi vida vale la pena. Decidiendo que toda mi infancia fue una verdadera mentira porque lo que me hacía feliz es completamente inútil si tú no estás.*

Sí, pensé todo eso, pero lo que realmente le contesté, tratando de ser lo más casual posible, y sintiéndome como si me hubieran quitado de encima el peso del mundo fue:

—*Nada, aquí pasándola.*

Entonces me acordé de la conversación con mi marido gay, y le dije:

—*Creo que después de todo, éste sí puede ser el lugar más feliz sobre la Tierra...*
Twing: —*Ya se comunicó, ¿verdad? ¿Satisfecha?*

A punto de responder que sí, volteé hacia mi aparato. El susodicho ya había leído mi mensaje (maldita R) pero no aparecía el glorioso *está escribiendo un mensaje.* ¿Sería posible que nunca más se comunicara en la vida? Se me fue el mundo para abajo otra vez. Le escribí a mi marido gay mientras salía del juego y caminaba hacia el inicio del desfile eléctrico, una de las cosas que más me gustan en la vida.

—No, no estoy contenta. Creo, querido, que nunca nada va a ser suficiente para sentirme satisfecha.

Y me quedé viendo ese teléfono por horas... ese día ya no hubo más mensajes.

En la mañana...

Me levanto muy temprano y extiendo la mano para buscar el celular. Ahí están todas las noticias que debo conocer antes de quitar la cabeza de la almohada. No, él no enloqueció en las últimas horas y decidió declararme su amor vía *Twitter.* Qué decepción, esperaba más de la noche. Enseguida prendo la tele y brinco a la regadera; trato de escuchar las noticias de fondo. ¿Cuántos muertos dijo?, prometo enterarme pronto. Me visto y me seco el pelo mientras mando mensajes de texto vía Blackberry a mi marido gay y a otras amigas. Me asomo a Facebook en mi computadora y reviso, muy a mi pesar, si él escribió algo ahí... Sí lo hizo, y no me gusta, pero podría estar hablando de cualquier cosa: *Qué increíble noche* no significa necesariamente sexo violento con alguien a quien ama y no soy yo, ¿verdad?

Respiro profundo y trato de superarlo, entonces me acuerdo, las pastillas. Estos días sólo son vitaminas, pero aviento a mi bolsa un pequeño frasquito con gotas de Rivotril por si durante el día pasa algo que me haga sentir mal. Antes de vestirme sé que debo hacer algo con mi camisa y pantalones negros favoritos. Perdón, ya sé que se me ven mejor los colores, pero el negro me hace sentir segura. A punto de tomar agua, y me acuerdo... no me he pesado. Si no me peso entonces no puedo comer tostadas con la comida. No puedo vivir con esa incertidumbre. Si me peso y estoy arriba que ayer, entonces no voy a comer, punto.

Dejo el vaso en el buró sin tomarme el agua. No necesito esos 100 miligramos de agua para que la felicidad se vaya para arriba. Supero la báscula sin quererla romper en pedazos y aviento en mi enorme bolsa todas las cosas que voy a necesitar durante el día, donde también va el gran compartimiento de maquillaje que me pondré en las horas de tráfico. ¿Maquillarme o *twittear* en el camino? Bueno, como está el tráfico, seguramente podré hacer todo.

Por supuesto, paso por el pánico de no encontrar las llaves, pero eso se resuelve en menos de cuatro minutos. Estaban en el patio, se las llevó mi perra a su habitual rincón. También los lentes de mi papá, sustraídos del *tesoro* con toda discreción durante la noche. Para pesar lo mismo que yo, esa hermosa perrota es demasiado sigilosa.

Por fin estoy lista y brinco a mi camioneta, con la molesta sensación de que olvidé algo, entonces lo recuerdo y volteo a ver el celular. Se me olvidó conectar el cargador y le quedan como 20 minutos de vida. Siento el pánico inundarme hasta que me acuerdo de que en el coche tengo uno que me regaló mi marido gay, quien, en un sólido gesto de solidaridad, alguna tarde me lo dio de la nada. Prendo el motor y la radio, mi amiga, empieza a platicarme. Más me vale apurarme, ya se me hizo tarde y no he hecho absolutamente nada. ¿O sí?

Elisa y Sebastián

Elisa se acomodó su grueso cabello negro dentro de la gorra para esquiar, y se cerró la chamarra hasta el cuello, que tenía cubierto con una bufanda multicolor. Adoraba la ropa de invierno, pero últimamente invirtió demasiado tiempo en el gimnasio y quería que Javier se diera cuenta. No estaba muy segura de lo que hacía afuera de esa cabaña en Vancouver esperando al resto del grupo de periodistas que fueron convocados a esa orilla del mundo.

Los iban a llevar por los rápidos y a pescar. Para alguien que era seudovegetariana y se mareaba hasta en un elevador, ésta no era la mejor aventura de todas, pero era su chamba y además estaba en Canadá justo a tiempo para llegar a la boda de Sebastián y Marco, que iba a ser en Victoria, la hermosa isla al norte del continente donde él había estudiado. Por si fuera poco, Javier, su amigo español, le expresó que estaba desesperado por verla; todo se había acomodado de tal manera que ella tenía que reconocer que debía estar ahí justo en ese momento de la vida. Era indiscutible.

De pronto, alguien llegó por detrás, y la abrazó tan fuerte que la levantó del piso.

Ese olor, pensó Elisa. *No puede ser... ¿o sí?,* se preguntó mientras giraba en el aire para ver de frente a quien evidentemente estaba feliz de verla. Ya lo sabía pero igual no podía creerlo. No necesitó escuchar el acento gringo gritar *¡Elisa!* para darse cuenta... ¡Jason! *¿Está aquí? ¿Pero cómo?*

Por supuesto, no era nada extraño que este hombre estuviera ahí. Se dedicaban a lo mismo, ¿no? Y Canadá, Vancouver en particular, que venía haciendo una agresiva campaña para promover el ecoturismo después de la terrible reputación ganada a nivel mundial por la matanza de focas. (*Les guste o no, esto entra en el artículo,* pensó Elisa, temblando del coraje con sólo pensarlo.)

Sí, era lógico que Jason estuviera ahí, justo en el momento en que por fin ella logró sacarlo un poco de su mente. Ya no esperaba nada de él, y había cerrado todos los canales de comunicación. *Mensa. Sólo porque lo sacaste de tu Blackberry no quiere decir que dejó de existir.*

Y ahí estaban. Tantos meses después, viéndose uno al otro, ella recordando que siempre acababa un poco adolorida de la espalda por tratar de ver continuamente a los ojos a un hombre tan alto, perfecto y delicioso. Él, dándose cuenta de lo que ella pensaba, sólo sonrió, le dio otro abrazo y le plantó un beso enorme en la boca.

Sabía igual. Muy bien. Enseguida el cuerpo de Elisa le pidió más, pero la mente le prohibió moverse. ¿Dónde estaba Javier? ¿Estaría viendo esto?

—Creí que nunca volvería a verte —dijo Elisa. Su tono no recriminaba ni acusaba (ésa había sido la instrucción de Sebastián hace semanas). Sonaba de lo más neutral, pero Jason bien sabía todo lo que había detrás de esa declaración. Aunque, o quizá por eso mismo, solamente contestó:

—No. Yo sabía que sólo era cuestión de tiempo. Nuestros horarios tenían que coincidir. Me gusta cuando las cosas se dan naturalmente. ¿A ti no?

No, pensó Elisa, *me gusta cuando alguien hace el mínimo esfuerzo por mí. Me gusta cuando no tengo que sentirme como una idiota por haber amado. Me gusta que me contesten mis pinches cartas de amor. Me gustaría pensar que aprendí algo.*

En ese momento llegó Javier con el resto del grupo y la abrazó con una enorme sonrisa, pero después de eso todo fue discreción. Estaban trabajando, después de todo, ya habría tiempo. El día transcurrió así: Elisa aferrada a la orilla de los diversos botes amarillos a los que la subieron, tratando de no vomitar. Jason platicando con todas las mujeres del lugar, como la gran súper estrella que siempre fue, pero mandándole miraditas prometedoras para la noche a Elisa. Javier, pues Javier cuidándola toda la tarde, asegurándose que no cayera al río y salvándola de tener que tomar la caña de pescar.

—Es que no puedo ver cómo se muere el pez en mis manos —dijo, y todos soltaron una gran carcajada.

Era una mujer curiosa y extraña. Javier solamente le dio la mano y la acompañó a la fogata, consiguió una cobija y la tapó cariñosamente. La noche caía y mañana todo esto iba a terminar.

Después de una cena de pescado a las brasas, todos se fueron a sus cabañas para descansar. Siendo Elisa una de las pocas mujeres en el viaje, tenía su propia cabaña, donde rápido se puso sus *pants* para el frío nocturno. Si no dormía se iba a ver terrible al día siguiente para la boda de Sebastián. Volteó a ver si el vestido de *damita* no se maltrató en la montaña. Se veía medio ridículo, colgado de un enorme clavo en la pared, pero al menos en una sola pieza.

Sin pensarlo, una inquietud tremenda invadió a Elisa, sabía que Jason no iba a tardar en llegar. Se imaginó lo que pasaría tan sólo un momento después de que él entrara por esa puerta. La tomaría de los brazos y la empujaría contra la pared. Se besarían por mucho, mucho tiempo, hasta que ella fuera la que pidiera más. Él la vería con esa mirada triunfante y le quitaría la sudadera, poco a poco, besando todo su cuerpo hasta que ella perdiera el control.

Él sabía ese terrible secreto de Elisa. Era una mujer tan extraordinariamente controlada y controladora todo el tiempo, pero cuando cedía entregaba todo. Y en ese momento, él ya habría ganado, podía hacer lo que quisiera con ella, lo que fuera, y durante toda la noche. A ella le encantaría, le enloquecería, la haría inmensamente feliz. Hasta la mañana siguiente cuando…

Elisa se quedó viendo por la ventana y, de pronto, impulsiva pero en silencio, salió con cuidado de que nadie la viera. Se dirigió a la cabaña de donde Javier trajo esa cobija para cubrirla en la tarde. Tocó la puerta, y en ese momento, a 15 metros de distancia alcanzó a ver un movimiento. Era Jason que se dirigía hacia su cabaña. Se pegó más a la puerta de Javier para no ser vista, escondiéndose detrás de una viga de madera. El español abrió la puerta; su expresión al ver a Elisa ahí parada, fue de pura felicidad.

Ella entró, y con las manos acarició su cara, los dos estaban temblando. Él la veía como si no pudiera creer lo que estaba pasando, y dejó que Elisa le quitara tiernamente los lentes, mientras pasaba las manos por su pelo con suavidad. Entonces ella, ¿o fue él quien empezó?, se descubrió dando el beso más suave y tierno de su vida, luego otro… Pasaron la noche abrazados, hablando de sus vidas y llenando todos los espacios en blanco que existían entre ellos. Elisa le platicó acerca de su relación con Sebastián. Javier habló de sus dos padres que lo esperaban en España. Ella lo invitó a la boda…
Y así pasaron toda la noche, haciendo planes y queriéndose como ella nunca hubiera imaginado. Fue perfecto.

La boda

Veinticuatro horas después, Elisa llegó de la mano de Javier a la boda de Sebastián y Marco. Descendieron del hidroplano rentado en Vancouver para llevarlos hasta allá, y luego tomaron un coche que los acercó hasta Butchard Gardens, a pocos kilómetros de la isla de Victoria.

Al entrar al salón que estaba lleno de tulipanes, narcisos y varias flores más, que Elisa nunca había visto, sintió que estaba a punto de derrumbarse. No sabía si por la felicidad o por la idea de que se encontraba a punto de perder a Sebastián. Volteó a ver a Javier y lo llevó con su mejor amigo en el mundo, quien estaba a cinco minutos de dar el *sí* a su amado Marco.

—¿Supongo que aquí termina nuestro contrato que decía que si no me casaba a los 35 años, iba a tener un bebé contigo… ? —le dijo a modo de *hola*.

—No lo sé, ¿por qué no lo tienes mejor con él? —contestó Sebastián, apuntando a Javier. Ay güey, a ver si el pobre español no sale por patas de ahí al darse cuenta de en qué familia se estaba metiendo. Pero en vez de ponerse rojo de la pena, con una sonrisa respondió:

—No veo por qué no. Lo que sí sé es que tú tienes que ser el padrino, tío favorito y pariente sonsacador, ¿no?

¿Y ahora éstos? Parecían amigos de toda la vida. Es cierto, se conocieron 10 minutos en Nueva York hace meses, pero esto estaba muy, pero muy raro. Bueno, la verdad estaba bien. Demasiado bien. Elisa comenzó a sentir pánico. ¿Qué nunca podría sentirse en paz?

La boda fue tan hermosa como el lugar. Marco tomó la mano de Sebastián y le prometió cuidarlo y quererlo para siempre. Sebastián le aseguró que sobre todas las cosas, sin importar por un segundo qué tan diferentes pudieran ser, él siempre sería el hombre de su vida, su compañero, su más grande amor. Elisa sólo lloraba y lloraba, no le cabían los sentimientos en el pecho, no podía dejar de sonreír entre las lágrimas por ver tan feliz a Sebastián. No podía creer hasta dónde habían llegado. Javier no soltó su mano un solo momento.

Y así pasaron las horas. De pronto, en la madrugada, Elisa y Sebastián se encontraron sentados en el jardín japonés tomando un café para ahuyentar el sueño y el intenso frío de enero. Javier tuvo que irse a tomar su avión para España, no sin antes prometerle:

—Voy a volver por ti mucho antes de lo que te imaginas.

—Ya veremos —fue la única respuesta que Elisa pudo darle.

No podía darse el lujo de tener expectativas de nuevo. De repente se dio cuenta: iba a estar completamente sola en este mundo. Sebastián, casado; Javier se había ido; ni siquiera le quedaba la fantasía, por más falsa que haya resultado en su momento, de soñar con Jason. Empezaron a salírsele las lágrimas otra vez, y le preguntó a Sebastián:

—¿Crees que vuelva a ver a Javier en la vida?

—No lo sé, hermosa. Acuérdate de que los hombres, en cuanto a las relaciones, son idiotas.

—¿Voy a volverte a ver a ti?

—¿Estás loca? De mí no te deshaces nunca. Sólo que ahora vengo en paquete, pero aquí estoy.

—Sí, en Canadá.

—Y en tu Blackberry, en tu Facebook, en el teléfono, y a un boleto de avión de distancia. Ya Elisa, no mames, siempre me vas a tener.

Era cierto, esto no podía terminar así. Además la vida le había enseñado que las sorpresas siempre iban a estar ahí. Volteó para ver su celular y sonrió, un mensaje de Jason decía:

¿A dónde te metiste? Pasé toda la noche de ayer esperándote.

Sí, eso ya estaba terminado, cerró la conversación sin contestar. Era la primera vez que hacía eso. Regresó la mirada a Sebastián y le dijo:

—Creo que ya logramos todo lo que queríamos, ¿no?

—Sí, hermosa, creo que sí.

Elisa volvió a ver su teléfono, hacía 20 minutos que le envió un mensaje a Javier y él aún no contestaba, pero ya lo había leído. Sebastián volteó a verla directo a los ojos, se dio cuenta enseguida de lo que ya estaba pasando.

—Ay, no hermosa. No lo hagas. Cuando te tenga que llamar, te llamará. ¿Qué no has aprendido nada conmigo?

Elisa sonrió, le dio un enorme beso en la mejilla y lo abrazó con la fuerza de una poseída. ¡Cómo amaba a este hombre! Para sus adentros pensó:

Amor mío, ¡claro que aprendí. Aprendí que, en cuanto a las relaciones, los hombres pueden ser verdaderamente idiotas; ahora sé que debo cuidarme, que siempre debo retirarme con mi dignidad intacta y que merezco pasármela realmente bien.

Pero lo que en realidad le dijo fuerte a Sebastián con una gran sonrisa, fue:

—Claro que no aprendí nada. ¿O a poco crees que ya tienes frente a ti al *hombre gay perfecto*?

No podía vivir sin sus consejos, aunque ya no los necesitara.

Fin... (Bueno, más o menos.)